U0928500

赵文闻 聂小晴◎编著

有法 MAO 法

活在当下的“囧”境

新世界出版社
NEW WORLD PRESS

图书在版编目（CIP）数据

有法有法 / 赵文闻，聂小晴编著. --北京：新世界出版社，2012.1
ISBN 978-7-5104-2451-9

Ⅰ. ①有… Ⅱ. ①赵… ②聂… Ⅲ. ①社会生活－通俗读物 Ⅳ. ①C913-49

中国版本图书馆CIP数据核字(2011)第258941号

有法有法

策　　划：赵文闻
作　　者：赵文闻　聂小晴
责任编辑：李晨曦
责任校对：赵慧丽
封面设计：贺玉婷
责任印制：李一鸣　黄厚清
出版发行：新世界出版社
社　　址：北京市西城区百万庄大街24号（100037）
总编室电话：+86 10 6899 5424　68326679（传真）
发行部电话：+86 10 6899 5968　68998705（传真）
本社中文网址：http://www.nwp.cn
版权部电子信箱：frank@nwp.com.cn
版权部电话：+86 10 6899 6306
印　　刷：北京画中画印刷有限公司
经　　销：新华书店
开　　本：880×1230　1/32
字　　数：200千字　印张：10
版　　次：2012年1月第1版　2012年1月北京第1次印刷
书　　号：ISBN 978-7-5104-2451-9
定　　价：23.80元

目录

Contents

C 成功 · 暴风雨后的彩虹在哪里 019

H 婚姻 · 一辈子守着一个人，会闷吧 033

J 居家 · 将名牌进行到底 045

前言

Preface

非“囧”勿扰

21世纪什么字最给力？非“囧”莫属。

字典中，“囧”字原本的含义指“光明”，然而就是这样一个冷僻的古汉字，突然从字典中复活，被21世纪的信息时代赋予了更多的意义，影响着我们的生活。这就是“囧”文化所带给我们的冲击力。

与同音的“窘”字的释义相同，它如今已被赋予了“郁闷”“悲伤”“尴尬”甚至“无奈”的新型含义；“囧”字之所以成为21世纪最给力的文字，除了它内在的含义外，你还可以把这个字当做一张人脸，整体看起来像张垂头丧气的人的面孔，尴尬的心情表露无遗。更有趣的是，当一个人说“囧”字的时候，发音和表情完全一致，非常可爱有趣。

不知道你有没有发现，我们身边的囧人囧事越来越多，我们似乎生活在水深火热之中，虽然有不少自得其乐，笑过之后又陷入更多的“囧是非”中。白天忙碌的工作，难免需要伪装，好不容易熬到下班的晚上，一边想着工作，一边假装放松。无能为力却又无法改变，我们总觉得生活在推着我们前行，悲凉地在奋斗的路上孤军奋战，总是会在无可奈何之下作出许多或对或错的选择。我们嫌时间过得太快，自己的能力又太差劲。偶尔想一想，别人何尝不是如此，就算是为自己的“心理平衡”找个借口。

今天你“囧”了没有？一日一囧似乎快替代一日三餐，成为我们的精神必修课。在看不清未来的路上，你是否想过在自己的名片上也印上“房奴”“车奴”“卡奴”的头衔？这实在是一件再囧不过的事了。

房子汽车的贷款、子女教育、赡养父母，我们看似正在安全地奔向中产阶级生活，哪知稍一个不留神，便陷入更多的债务之中。对于这看不到尽头的人生“囧”途，你是不是也时常会发出生活不给力的叹息？

这“囧囧有神”的生活，总出现诸多郁闷悲伤，甚至哭笑不得的人与事。我们在期待长大中开始质疑成长的本质，它究竟给了我们更新鲜的光泽，还是在我们身上索取了更多率真。“囧”时代的风暴已经降临，改变它 or 适应它，到底如何与它过招？先看看你有哪些感同身受的经历吧。

作者在本书中，运用大量形象生动的例子、感人肺腑的文字展现当下活在“囧”境的不容易和无可奈何。温柔地击中我们的软肋，让我们在狂笑不止的同时热泪盈眶。

如果你确定自己不在人生的“囧”途，那么请绕行。

非“囧”勿扰！

作者

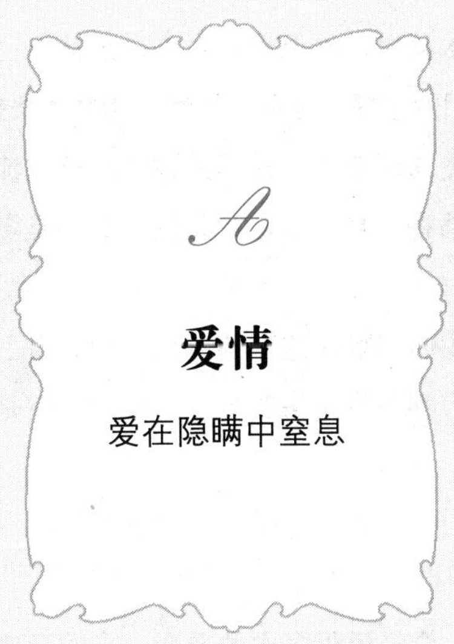

A

爱情

爱在隐瞒中窒息

爱上一个不爱你的人

爱情犹如洪水猛兽，不但淹没对方，还让自己在洪流中失去方向。但如果双方相爱还好，好歹，能够互相携手扶持。

可如果，你爱的那个人，并不爱你，那这洪流，便是你一个人的自留地，自己播种，自己耕犁，无论丰收还是歉收，都是你一个人的事情。

很多时候，我们都陷在这样的苦恼之中，自己爱的人，无论怎么努力，他（她）都不肯回头看自己一眼，是不是越付出，就越得不到青睐？

纠结于这个问题的人，慢慢会忽略爱的本身，而更加在乎自己到底有没有得到回报。这样的爱，已经开始霉变。

也许，一个人会经历很多次的爱恋，有的爱恋会被回应，可有的爱恋，却始终是你一个人的独角戏。

金岳霖爱了林徽因一辈子，而林徽因一辈子只是梁思成的妻子。在林徽因左右为难于这两个优秀的男人之间时，梁思成对林徽因说她可以自由地选择心中所爱，并且始终祝她幸福。

金岳霖听到这样的话，坦率大度地告诉林徽因，梁思成是真的爱着她，自己应该退出而不是去伤害一个真正爱她的人。自此，他们一生都是朋友，也只是朋友。

林徽因住进了金岳霖的心里，就一辈子没有搬出去。他的眼里心上再也容不下别的女子，一生未娶。他和林徽因夫妇毗邻而居，闲时三人经常在一起聊天谈心。即便是抗战时期，战争将他们分开，金岳霖也总是抓住每一次机会跑到异地与他们二人见面。

对于金岳霖来说，林徽因是他一生的药，只有林徽因这服药，才能让他的灵魂活下去，不然，他就只是一具行尸走肉。

后来，林徽因不幸去世。都说男人有泪不轻弹，只是未到伤心处。在她的追悼会上，金岳霖的眼泪始终没有停过。写给她的挽联，只有短短 14 个字，却道出了林徽因在他心中永远的美丽：“一身诗意千寻瀑，万古人间四月天。”

岁月荏苒，人们或许以为该过去的都过去，该淡忘也都淡忘。可是，林徽因逝世很多年后的一天，金岳霖郑重其事地在北京饭店设宴，邀请的都是一些知己好友。开席前，他说，今天是林徽因的生日。没有了当年的泪流不止，表面越是平静内心却越是有着大悲大痛。

曾经有人恳请金岳霖在林徽因的再版诗集上写一些话。金岳霖一下子陷入了沉思，一时间表情复杂。长久的沉默之后，他还是拒绝了邀请。

他说，“我所有的话，都应该同她自己说，我不能说。我没有机会同她自己说的话，我不愿意说，也不愿意有这种话。”说完之后，他再次陷入了沉默之中。这两段沉默，也许是对往事的追忆，也许就是金岳霖在心里对林徽因诉说着那些要同她亲自说的话。

他为了她，终身未娶。

在他心目中，她是谁都无法取代的。

的确，茫茫人海之中，我们终于遇到了那个让自己心动的人。

如果两情相悦自然是皆大欢喜，可是现实哪里有那么多才子佳人的童话？有时候我们爱上的偏偏就是一个不爱自己的人。

你说你为了爱他付出很多，你说你可以等他直到地老天荒，你说你不会打扰他的生活只要可以经常看到他就好，你说了很多，又能换来什么？

不爱就是不爱，再怎么纠缠也强求不来。痛苦着，挣扎着，不知所措着，有什么用？金岳霖守了林徽因一辈子，最终，也只能是守着那单薄的回忆过完残生。

如果早知当日的那一见钟情，会留下一生的追逐和守望，那么，重新来过的话，是否还愿，再次的回眸？

爱在隐瞒中窒息

佛说，前世的五百次回眸才换得今生的一次擦肩而过。若是能相识相知，便更是难得。所以要惜取眼前人。只是很多时候，有些人不是我们珍惜了，就会留在身边的。

那些最终和我们分道扬镳、各自散落于江湖的人，无论他们走得有多远，一起的时光，还是会停留在我们心间，生根发芽，长出一株回忆的树来。

有人将这树当做自己的栖息地，每每在现实中受到挫折或者伤害，就会躲到这树荫下，靠着过去的营养生活。

他们将这棵树当做自己的隐私，不能被别人窥见的宝贝，就算是和自己再亲近的人也不行。

于是，生活中往往会出现这样的一幕——

女孩子："你到底还有多少事情瞒着我啊？"

男孩子："我都告诉你了，你到底想知道什么？"

女孩子："你哪都告诉我了，你除了我以外，以前到底谈过多少女朋友啊，你说啊，说啊……"

男孩子："就你一个，就你一个……"

将女孩子好不容易安抚了，男孩子才算是偷偷地松了一口气。想到自己以前的那些女友，哪个也没有现在这个女友这么跟自己较真。

千万不能告诉她我以前还交过女朋友，不然她会不停地翻旧账，我就真的要被烦死了。男孩子警惕地想着，他更是紧紧地把自己的过去锁在了心底。

妻子："你电脑里有一个文件夹老上着密码，那里面是什么？"

丈夫："没什么，工作资料而已。"

妻子："少蒙我，工作资料用得着上密码吗？肯定是什么见不得人的东西，你快给我说清楚，不然我跟你没完……"

丈夫："你真无聊……"

随后在一番争吵之后，丈夫一个人躲进书房，打开那个文件夹，里面是他初恋女友的照片还有情书。

他一封一封地翻看着，缅怀着那个青葱岁月的美好时光，然后感慨现在的生活越来越远离自己当初对婚姻的设想了。

……

这样的戏码每天都在上演。正在相爱的人互相隐瞒，他们以为给现在的爱人一个简单、明了的爱的空间，就是对的。

但其实，在他们隐瞒过去的同时，也隐瞒了自己的爱。

这让现在的爱人感到不安、感到焦虑。

在男孩子误以为自己将过去藏得很好时，女孩子却早已通过别人打听到了男孩子的风流史。她要分手，面对一个不诚实的男友，除了分手，还有什么更好的解决办法呢?

妻子费尽心机地想探知文件夹里的秘密，她想知道，每日同床共枕的丈夫是不是跟她同床异梦。

夫妻之间的关系，越来越冷淡，充满了猜忌。

他们以为是猜忌让爱情失去了活力，其实是隐瞒让爱情逐渐窒息的。有人会抱屈:"我是爱他才瞒着他的。"

隐瞒本是想让爱情更长久，哪曾想，却让爱情失去了存活的氧气。

安全感缺失综合征

传说，在爱情中，没有安全感的人会这样：

他们独自走路时，步子的频率会很快。

他们喜欢隐藏心事，却习惯晚睡。

他们喜欢有口袋的衣服，否则会不知道手放在哪里。

他们习惯抱臂，习惯冷战。

他们会突然不知所措。

他们喜欢窗户，喜欢角落，喜欢蜷缩。

他们有莫名的孤单，无法抗拒的恐惧感。

他们把心事放在心里最温柔的地方，有一个自己的世界。

他们害怕被欺骗，却喜欢和别人开玩笑。

他们整天傻不拉叽的，莫名地想去看笑话，可越是笑，内心就越空虚。

他们很孤单，很想找人聊天，却故作坚强的隐身。

他们喜欢傻傻地望着天空发呆，然后流泪。再呆，然后再流泪。

他们喜欢一个人静静地坐在那儿，思念朋友，回忆往事，然后傻笑。

坠入爱河中的两个人，都得了病。这种病就像魔术师，总是会在不同的时间、不同的地点，变幻出不同的面目，引起不同的症状。

有时候，它叫做相思病，让人“衣带渐宽终不悔，为伊消得人憔悴”；有时候，它叫做吃醋，让你莫名其妙地坐立不安，对他言语刺探；有时候，它叫做怀疑，总是疑神疑鬼，不相信对方说的话，哪怕是信誓旦旦……

这种病，就算是华佗再世也治不好。这种病却又是最容易治好的。相爱的两个人彼此就是对方的药，只是看对方心不心疼、给不给罢了。

在这个压力越来越大的社会，忙碌的工作总是挤占我们的私人生活，以致很多时候我们都不得不牺牲掉自己和爱人在一起的浪漫时光。而那些不在一起的时间，又各自陷入这个灯红酒绿的世界浮浮沉沉。

当他一整天都没有和你联系时，当他很晚才回家身上还酒气熏天时，当他出差好多天都见不到面时，胡思乱想、疑神疑鬼就像幽灵一样，慢慢爬上你的心头，让你得不到片刻安宁。

最开始，他的解释我们还会相信，而且是很坚定地相信，包括每一句话每一个字。“因为你看，他是多么诚恳地在向我汇报那一天的行程，这说明他是诚实的，更是在乎我的。”这应该是很多人最初的想法吧。

后来，这样的解释开始变多，而说服力却慢慢减弱。可是你依然相信，只是你不愿意承认这样的相信其实带着点自欺欺人的味道。对这份感情的安全感就在这样一次又一次的解释里稀释消融，直到你彻底地不再相信他。

到这时，不论对方说的是真话还是假话，你都觉得他在骗你，就好像“宁可错杀一千，不可放过一个”一样，你宁可自己冤枉他，也不愿意到头来发现自己被他骗。没有安全感的爱情，就像没有避风港可以停泊的小船，怎么可能经得起大海的波涛汹涌、翻云覆雨？于是，曾经相爱的两个人开始不断地吵架，真的是唇枪舌剑，每个人的心口都是鲜血淋淋的。

爱情就是一场不可能势均力敌的仗。爱得越深，越是容易受伤。你的深情和信任变成了他伤害你的理由。对彼此的不信任导致安全感的缺失，而这样的缺失又会导致更加严重的不信任。就这样恶性循环下去，爱情终于走到了尽头。于是，伤痕累累的你，站在这结尾，对过去说再见，也对将来说，不再相信爱情。

只是，只是，将来当爱情再一次出现时，你真的不再相信吗？真的吗？

毕业之后说分手

象牙塔里的爱情，最为纯洁。因为不掺杂物质和欲念，只是安静地牵手在林荫树下，相互依靠在教学楼的天台上，还有，自习室里，一前一后，认真地复习着课本上的难题。

那个时候的爱情，天真烂漫，可是，时间最终会悄悄流逝，当四年时间一晃而过，相爱的人便要面临各奔东西的窘境。

“家里为我找好了一份工作，我要回去，而且我父母就我这一个儿子，我必须要在他们身边照顾他们。”

“你父母只有你一个儿子，我父母也只有我一个女儿，你不能扔下你的父母，我又怎么能扔下我的父母？”

“……”

既然都有无法割舍的东西，那分离便成了唯一的出路。

在大学毕业的时刻，那个炎热的7月，多少爱过的男女，背着行囊，各行一方？

是谁夺走了他们的爱情？是时间？是地域？是金钱？还是他们本身对爱情的不执著？

“如果我跟你回去，你能保证一辈子像现在这样对我好吗？”

“我保证……”

但大多数的保证，在现实面前都是不作数，微不足道的。谁能预料今后生活中会发生什么？谁又能保证他爱的那个女孩不会在生活的打磨中变成一个“包租婆”？

所以，大多数情侣选择了在最美的时候分开。他们心有不舍，但依然义无反顾地独自去走自己人生的路。

直到多年之后的同学聚会上，大家会聚一起，把酒欢饮，然后同学们会起哄，重提当年的爱情往事。

此时，在岁月的清洗下，年轻时候的爱情似乎隐隐若现，可是年轻的人，现今已经是鬓角斑白。

问候一声，似乎彼此过得也并不如当初预想的幸福。两个人都在心底打下问号：“如果，当初不说分手，那么，现在是否会更幸福？”

没人能回答这个问题。

毕业之后说分手，似乎成了校园情侣的魔咒，一想到遥不可及的梦想和坚硬残酷的现实，象牙塔中的爱情誓言，便都变得脆弱易碎。

每个人都想将爱情进行到底，但是当走出庇护爱情的象牙塔，分手是不是真的就在所难免呢？

这是一道常规，还是人们对于现实的妥协？

异性知己，“性”所难免吗

当红主持人蔡康永和小 S 一直是金牌搭档，他们的默契让许多人质疑，他们之间，是否因为爱情，才会变得如此贴合。

所以，八卦开始出现：

有人曾在一档综艺节目中问蔡康永，如果小 S 猛烈地追求蔡康永，他会不会接受小 S。当时他毫不犹豫地说可以。当在场人员表示诧异的时候，他却用疑惑的眼神问道：“可以吧，为什么不行？”

有观众写信来想主动捐卵子给蔡康永，他笑说：“是有四五名观众写信来说要提供卵子，但我都没理会。我倒是的确很想知道我跟小 S 生出来的小孩长什么样，就怕徐妈妈会介意。”

有一期，艺人讲鬼故事的时候，故事到精彩处，突然，他们身后的门开了，现场顿时惊作一片。

小 S 和蔡康永几乎条件反射般地紧紧拥抱在一起，还真是令人动容。后来，那故事确实诡异，小 S 抓着蔡康永的胳膊，蔡康永紧握小 S 的手，把故事听完……

有人说，即便他们之间没有爱情，也是有着十分深厚的情感的。深厚到能够摒弃旁人异样的目光，只在乎对方的感受。

这样的感情除了友谊，究竟有没有掺杂一丝爱情的添加剂？

如果说蔡康永爱小 S，他却还有着自己的伴侣；如果说小 S 爱蔡康永，那么她却嫁入豪门，生下两个女儿，婚姻幸福甜蜜。

所以结论是，他们之间并不爱对方。

但即便是如此清晰明确的现状，许多人依然不肯撒手，他们捕捉着两人之间一切风吹草动的迹象。

看到蔡康永在小S身边所做的一切——在小S得罪节目嘉宾的时候，他可以为她化解尴尬；在小S说错话的时候，他可以为她圆滑过去的时候——大家都不淡定了。如果真的只是友情，是不足以支撑着一切事实的吧？

在一期《康熙来了》中，有一位嘉宾说到蔡康永的感情生活，蔡康永很认真地说如果小S的老公不影响的话，他可以跟小S。他还提到小S以前也问过类似问题，他问现在这样回答小S是否满意，小S说很好。

还有一次，小S问，康永你死了希望我烧什么给你？

蔡康永说，就烧一个纸扎的你。

这是怎样的一种情感，即便是到了死亡，也依然想要拥有。

大家纷纷揣摩，两人之间究竟暧昧多于友谊还是友谊多于暧昧。

人生就是这么奇怪，有些事情你明明看到了，却不愿意接受。或许这就可以解释，为什么对于异性之间的友谊，旁人总是诸多揣测吧。

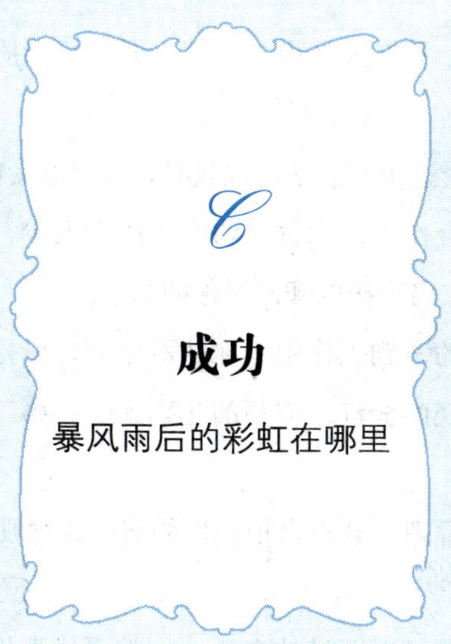

C

成功

暴风雨后的彩虹在哪里

为什么自己的努力总没人看见

这个世界上，只有强者说了才算，弱者只能服从，这与公平无关，而是生存法则，物竞天择。

而弱者在接受这个不公平的现状时，还要忍受白白的付出。

在一个团队合作中，你付出的并不比别人少，可是在公司的表彰大会上，领导点名表扬的却没有你的名字。

在一年到头的辛勤工作中，你从不偷懒，你自认为自己已经很努力了，可是年底的分红，你领的比别人少，第二年的升职，依然没有你的分儿。

你去找老板说理，老板会拍拍你的肩膀，勉励你：“好好干，总有希望。”

可是希望到底是看不见的东西，你需要货真价实的奖励，来证实你的努力是没有白费的，是有所回报的。

这是当下许多年轻人的心态。

他们觉得自己付出了那么多，可是却没人认可。他们辛辛苦苦熬夜赶出了一份企划书，但是老板不过只看了一个标题，就让拿回去重做。

“请问，是有哪里不对吗？”小心翼翼地问，反而会招来老板的嘲讽。

“我要标明出来，还要你干什么？”

于是，只得继续埋头努力，同时在心里埋怨，那么厚的一份企划书，好歹也要看一眼，或者说一句辛苦也可以。

但是偏偏什么都没有。

看着丢在垃圾桶里的企划书，就好像看到自己的努力也被当垃圾丢掉了。可是，再痛心也是无济于事的，因为没人会为你的成果多看一眼。

为什么自己的努力总是没人看见，是自己努力错了方向，还是这个世界实在是太不公平了。

有时，默默的努力就好像大树不断向下生长的树根，虽用处极大，却因无人看到，多少显得有些冷清，可是不能停止，不然如何维持树木的继续生长呢?

暴风雨后的彩虹在哪里

人们只有经过风雨的洗礼，才会逐渐变得强大。

不经一番寒彻骨，怎得梅花扑鼻香?

没有经历过痛苦，人生就不完整，生活也就不完整。经历重重苦难，跨越千山万水，你的生活才更完美、更充实，你的人生才会更有价值、更有意义。

人活着并不是为了痛苦，但要活着却不能不承受痛苦。离开痛苦，人就会变得简单而肤浅；但如果不想方设法摆脱痛苦，那么活着也只会因肤浅而简单。

这是励志书上常说的励志话语，让许多奋斗的小青年们激动不已，似乎他们生来就是奔着苦难和风雨来的。

可是，风雨见着了，就连雷阵雨、冰雹雨一起都见了，最后仰着脖子等着见彩虹，却失望了。

这就是我们的生活。

我们的生活中充斥了许多的状况和不满。那些风雨会让我们浑身湿透。

生活中，许多风暴是突然发生的：忧患、疾病、失败，等等。也有许多是逐渐形成的：成绩不好、工作能力落后，等等。

这些问题在我们看来真是头疼欲裂，但是有些人却总能轻松解决。

或许，我们会觉得不公平。

为什么有些人生来就那么安乐，凡事不用自己操心，就能走得一帆风顺。而我们却要靠自己来奋斗，可往往还是奋斗无果。

人们整天要求公平合理，每当发现公平不存在时，心里便不高兴。但不公平的确是我们不得不接受的真实处境。

许多人所犯的一个错误便是为了自己或他人感到遗憾，认为生活应该是公平的，或者终有一天会是公平的。其实不然，绝对的公平现在不会有，将来也不会有。

这就是为什么有些人能够从小就在庇护伞的遮挡下成长，而有些人，却需要在风雨中摔打。

生活就好像一个爱开玩笑的孩子，也许今天给你所有，明天又会让你一无所有。这个时候，你就抱怨为什么自己付出了所有，却总是离成功那么遥远。

可是有些人，似乎从未努力过，却总是拥有让你垂涎的成功，拥有你想拥有的一切。是自己太笨，还是世界太不公平了？

车到山前必有路

“车到山前必有路，柳暗花明又一村。”老话就这样一辈一辈地传了下来，似乎已经成为了人生真理。

可是，事情真的是这样的吗?

事情的真相往往是，就算你等到海枯石烂，等到天荒地老，该没有路还是没有路，该不给你看到光明，还是没有光明。

“车到山前必有路”原意是指人们在工作中遇到困难时，对前途充满信心的乐观主义的表现，是用来激励那些灰心的人的。

但不幸的是，许多不肯努力的人拿这句话当了自己的座右铭。他们偷懒不肯找工作的时候，被人训斥，他们会理直气壮地来上一句:“车到山前必有路。”

他们不好好干活、偷懒玩游戏的时候，别人提醒他们小心完不成工作，他们会头也不抬地来上一句:“车到山前必有路。”

久而久之，他们就养成了遇到什么困难，不去认真想办法解决，而是能拖则拖、能挨则挨的坏习惯。

这句“车到山前必有路”成了他们的心理安慰。

但是其实，车开到山前，遇到的往往是死路，调不得头，拐不得弯，尴尬得很。有一天当你一个人来到山前的时候，你会惊讶而且沮丧地发现，矗立在你面前的山巍峨无比，根本没有你可以走的路。

那个时候就晚了。就算你想给车子插上翅膀飞过去，你都找不到做翅膀的材料。消极等待只会让你陷入绝境。

世界上生活着这样的一类人，他们似乎没有什么烦恼，也没有什么忧愁，他们的一生似乎都注定要等待、要期盼。无数次的机遇从他们的手指间滑落，他们一点儿也不在乎，在他们看来，这么多机会朝我砸过来，以后还怕没机会吗？

于是，他们就继续逃避生活，直到撞到山头，抬起头才发现，巍峨的高山下，根本无路可走了。

所以，这一事实告诉我们：遇到困难时，不能抱有“车到山前必有路”的侥幸心理，应该奋力拼搏，用自己的智慧和力量战胜各种困难，开拓出一条平坦大路来。

被动的等待和自我安慰都是没有出路的。不主动为自己找突破口，反而依赖别人，迟早会车撞山头，悔之晚矣。

抱怨成功的路上没有你

很多人都羡慕那些事业上有所成就的人，把这样的成功作为人生唯一的目标，作为衡量生活幸福与否的价值尺度。

但是，曾经有一位声名显赫的企业家在临终时，非常遗憾地说过这样一句话：我这辈子最大的遗憾就是我有这么成功的事业。

许多人也许无法理解他这话的含义，但是仔细一想就会发现，当成功成为了他的遗憾，这是一件多么令人可悲的事情啊。

为了成功，他牺牲了和家人共享天伦之乐的时间，放弃了和情深义厚的好友相聚叙旧的机会，甚至也牺牲了自己的爱好、自己的

私人空间还有宝贵的健康。

成功只是获得幸福的途径之一，而不是人生的终极目的。用如此沉重的代价换来的成功，似乎已经失去了它应有的价值和意义。

成功不应该成为我们成长路上的绊脚石，更加不应该成为我们心灵的负累。

辛迪不仅是美国著名的作家，他也曾为400多首风靡一时的流行歌曲担任过作词人；全美舞台剧作奖的获得更是为他的成功增添了一分盛名。

在年轻时，他曾任职于美国滚石唱片公司。就在事业蒸蒸日上、风光无限的鼎盛时期，辛迪突然向老板提出辞呈。

老板一脸诧异，实在无法理解有什么原因值得他放弃如此成功的一份职业。

辛迪平静地说，并不是自己好高骛远，年轻自大，而是因为不想让这份成功成为自己追求人生真谛的障碍。

他非常反对的东西就是把人生制式化，用一个个计划将自己的人生框死，扼杀了其他的可能性。当这份工作已经让自己耗费了太多的心力，不能再给自己带来快乐和成就感时，勇敢离开，去创造新的成功无疑是明智的选择。

其实成功并没有标准唯一的答案。只有适合自己的才是最好的。生活真的没有那么多必不可少的东西和不得不做的事。

就像法国著名的艺术家，被誉为“现代艺术的守护神”的马尔塞·杜尚所说的那样：“一个人的生活没有必要负担太重，或者做太多的事情，不一定要有老婆、孩子、别墅、汽车。我认识到这一点的时候还相当年轻，这是我的幸运，这使得我在很长的一段时间里过着单身汉的生活。这样一来，我比那些按部就班、娶妻生子的人生活得要轻松许多。从根本上说，这是我的生活原则。所以我觉得自己很幸福，几乎没生过气，而且可以去从事自己一直喜欢的绘画。”

外界所追求的事业成功、家庭幸福并没有成为杜尚的唯一目标。

相反，他从世人所认为的这种成功模式里跳出来，专心投入到自己所钟爱的绘画艺术当中。当他终于在世界名画《蒙娜丽莎》的脸上画上两撇小胡子时，他的思想已经深刻地震动并影响了欧洲的艺术史。

成功能够成就一个人的生活，也能够让他抱憾终身。正在为成功打拼或者已经成功的人们，是否已经知道该如何选择。

岂有此理！我怎么总失败

都说女人是善变的动物，她们今天想要钻石，明天就想要月亮了。但现在的男人也争先恐后地迈入了这个行列。

频繁地变动工作，从一家公司跳到另一家公司，从一个行业跃到另一个行业。今天还是人事专员，明天就成了销售人士；昨天还在卖电脑，今天就倒卖起了化妆品……

有时候不得不说，不是我不明白，而是这个世界变化太快。

每个人都渴望踏上时代的浪潮，当一个成功人士。他们渴望机遇像流星雨一样砸中自己，他们期待老板像伯乐一样从众多驴子中挑出他这匹千里马。

像每一个传说中的英雄一样，他们四处闯荡，走遍不同的场所，尝试不同的角色，想要练就一身的本领，把梦想和现实糅合在一起，然后潜心等待被挖掘的那个时刻。

但是可惜，他们最终还是失败者。

虽然他们看似比成功者更忙碌，更紧跟时代潮流，更注重人际交往，更加活跃于人前人后，但他们忘记了一点，那就是成功者与失败者之间的区别：许多成功者，他们与失败者的区别，往往不是机遇或是更聪明的头脑，只在于成功者多坚持了一刻——有时是一年，有时是一天，有时，仅仅只是那么一瞬间。

有这样一个笑话：

提问："我的电脑显示器最近总是在抖动，让我眼花得无法工作，这个问题应该怎么处理呢？"

回答："很简单，你只需要不停地抖动你的身体，当你的身体的抖动频率和电脑显示器的抖动频率相一致时，你就感觉不到电脑显示器在抖了。"

许多人看过这个笑话，顶多咧嘴一笑。因为他们不懂得这其中看起来毫无作用但却带着韧劲的坚持。

许多时候，人生不也正是如此吗？在你面对着一些窘迫荒诞、无法破解的障碍时，你是选择与之抗衡还是选择绕道而行，或者干脆停下脚步？

或许你会嘲笑那些试图将身体晃动的频率调节到和电脑显示屏晃动频率一致的人，或许他们无法达到目标，只不过是白费工夫，但不要忘记，凡事遇到困难就中途停止，那样更是永远接近不了成功。

悟不出为什么总受排挤的原因

年轻人心无城府，总是不由自主地以真实面目示人，这样做，很可能会伤害到自己。真人不露相，露相非真人。在竞争激烈的职场，聪明人都很谨慎，不会轻易暴露自己的真实意图。

但是许多年轻人因为涉世不深，心直口快，有什么说什么，什么也不避讳，这样长久下去，自然会得罪人，遭受排挤。

当下许多年轻人就有这样的困惑，自己工作努力认真，业绩也不错，但为什么就是没有一个好人缘。在公司里，总是没人给自己好脸色看。

就好像《西游记》中的孙悟空一样，本领最大，资历最好，人品最好，但在西天取经的路上，他却是最受排挤的那一个。

他多次受到师父唐僧的打击和驱逐、多次遭到师弟猪八戒的诽谤和排挤，甚至连老实巴交的沙僧都有过不相信他的时候。

想想，孙悟空应该也不明白自己为什么会这样吧。虽然孙悟空功劳很大，但他毕竟只是一个下属。他的顶头上司唐僧虽然没什么本事，做人也磨磨唧唧的，还经常被妖怪抓走，要等着徒弟们来救，但他毕竟是师父，而且还是皇帝的拜把兄弟。

唐僧是被孙悟空保护着没错，而且他也得靠孙悟空来助他完成大业，但是他也怕孙悟空功高震主，抢夺他的位置，影响他的所谓领导地位。所以，他从心里不放心孙悟空，要处处为难他。

而孙悟空也不像猪八戒和沙僧那么听话，时不时地他还要教训唐僧几句，这就更让唐僧恼火了。只不过是西天取经的任务还没完成，还不能辞退孙悟空。

唐僧排挤孙悟空，是怕他功高盖主。那么猪八戒和沙僧作为孙悟空的同事，也排挤他，那是因为孙悟空总是指挥他们去做事情。

在下凡以前，猪八戒和沙僧都是天庭的官，比孙悟空的地位要

高得多。一向都是他们指挥别人，哪有别人指挥他们的。

所以，他们心里不平衡了。

可是孙悟空本领强，他们又不得不听话。既然正面抗争不过，那就只有暗地排挤了。

《西游记》中的这一出，其实也是很多我们现在年轻人正在经历的。他们本事大，虽然是年轻小辈，但是在工作中很有作为，把那些老资历都比下去了。

正所谓木秀于林而风必摧之。

有人的地方便会有竞争，有时会在很累的情况下想，如果能找一处安静水乡，独自悠闲地生活该有多好。

但这也只能是心里的一丝念想，真正的生活，还是要勇敢地继续下去。

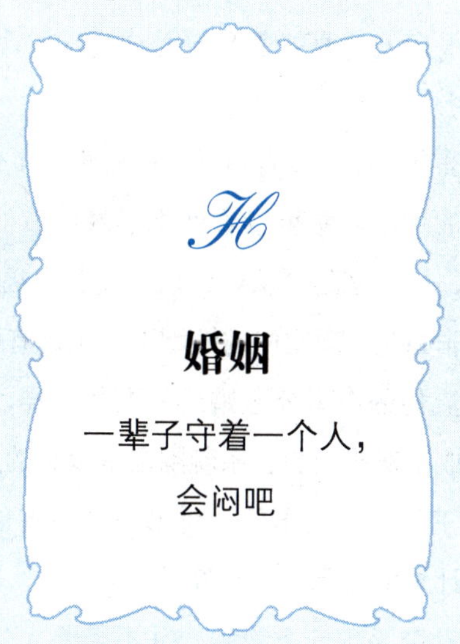

H

婚姻

一辈子守着一个人，

会闷吧

神马问题让婚姻亚健康

对于爱情，很多人一直执著于自己内心的一个标准：爱情是一种浪漫的体验。

爱情中不能没有浪漫，没有浪漫，也就没有了爱情。

在许多童话故事中经常可以看到这样的情节：公主和王子相恋了，然后结了婚，接下来是“从此以后，过着幸福快乐的生活”。然而，现实生活并非如此，现实中的婚姻不会永远有着童话般的浪漫。

就好像网上流传的白雪公主婚后的图片一样，曾经娇艳欲滴的美人，婚后也变成了灰头土脸、系着围裙带孩子的大妈。

这个时候，王子多半是出门寻觅另一位白雪公主了，家里的这位白雪大妈，估计早就抛到九霄云外了。

从最初的浪漫牵手到定下终生，并不需要太久的时间，可是从定下终生，到白头偕老，却是需要一辈子这段漫长的时间。

“情到浓时情转薄，平平淡淡才是真。”但是很多人认为爱情应该是轰轰烈烈的，所以一旦爱情被磨去棱角、不再绚烂时，他们就开始怀疑这段感情。

于是，很多婚姻经不住时间的考验，渐渐生病了。

而导致婚姻出现亚健康的主要疾病，叫做现实。

现实不是玫瑰、钻戒，而是葱几毛钱一斤，白菜是炒着好吃还是凉拌好吃。

当两个人从玫瑰丛中走出来，愕然发现婚姻原来就是一片大白菜地的时候，心里肯定很失落。

时间久了，如果不及时调整心态，自然就会出问题了。就好像浪漫女那样，一味追求新颖感，却忽视了最爱自己的，其实是一直默默陪在她身边的现实男。

浪漫女和现实男是一对恋人，两人如漆似胶地相爱着，真可以说是一日不见，如隔三秋。一次，为了考察现实对自己的忠诚程度，浪漫问:“你到底爱不爱我?”

“十二分地爱你!”现实回答。

“那假设我去世了，你会不会跟我一起走?”

“我想不会。”

“如果我这就去了，你会怎样?”

“我会好好活着!”

浪漫心灰意冷，深感现实靠不住，一气之下和现实分开了，去远方寻觅真爱。

浪漫首先遇到了甜言，接着又碰见蜜语，相处一年半载后，均感不合心意。过烦了流浪的日子，浪漫通过比较，觉得现实还是多少出色一些，就又来到现实面前。

此时，现实已重病在床，奄奄一息。

浪漫痛心地问:“你要是去世了，我该咋办呢?”

现实用最后一口气吐出一句话:“你要好好活着!”

浪漫猛然醒悟。

我们很多人都像浪漫一样，以为最好的人还在远方，其实，那个人一直在我们眼皮底下，只是我们没在意。

离婚，找不出理由

近年来的离婚率直逼结婚率，飙高的概率让人们不禁怀疑，这个年头，婚姻到底还值几斤重？

如今结婚简单，离婚也不难，形式上去除了繁文缛节的烦琐，似乎，就连婚姻里的这份感情，也少了那些个牵牵绊绊。

大家在结婚之前，就已经将各自的财产做了公证，为的就是万一要离婚，少那么些纠缠。

现在的人，总是理智得要命。一份调研显示，离婚案件中，有七成是女方提起的，而其中超过50%的女性称自己在婚姻中曾遭受家庭暴力、丈夫有婚外情等伤害。由此可见，女性对婚姻的不满程度，要超过男性。

在民政局里，工作人员问一对要离婚的夫妻：“为什么离婚？”

“过不下去了。”他们简要地回答。

看到工作人员还有点询问的眼神，男的不耐烦地回了一句：“赶紧办，离婚还非得找个理由吗？”

离婚不需要理由吗？我们常说爱一个人不需要理由，现在不爱一个人也同样不需要理由了。

一个经典的关于爱情的故事：

一个即将出嫁的女孩，向她的母亲提了一个问题："妈妈，婚后我该怎样把握爱情呢？""傻孩子，爱情怎么能把握呢？"母亲诧异道。"那爱情为什么不能把握呢？"女孩疑惑地追问。

母亲听了女孩的问话，笑了笑，然后慢慢地蹲下，从地上捧起一捧沙子，送到女儿的面前。女孩发现那捧沙子在母亲的手里，圆圆满满的，没有一点流失，没有一点撒落。接着母亲用力将双手握紧，沙子立刻从母亲的指缝间泻落下来。当母亲再把手张开时，原来那捧沙子已所剩无几，其团团圆圆的形状，也早已被压得扁扁的，毫无美感可言。

女孩望着母亲手中的沙子，若有所悟地点点头。

爱情如手中的一捧流沙，你握得越紧，流失得越多。爱情不能完全用理智把握，需要我们用心体会和感受。

但是婚姻却在这细细的流失中，慢慢把感情流光了。

陪吃、陪喝、陪聊，就是不陪心

“今晚不回家了，我陪客户吃饭去……”

“今天我要陪老总去应酬，晚点回去……”

“有什么事情晚点再说吧，我正陪同事唱歌呢……”

我们时时刻刻要陪一些我们并不想陪的人，陪吃、陪喝、陪聊，为的是能够让我们的路更宽一些。

都说多一个朋友多一条路。于是，我们为了让自己人生的路像蜘蛛网那样错综复杂，四通八达，我们便不断地交际。

这就是所谓的应酬，为了达到某种目的，去做不想做但又不得不做的事。为了自己的相关利益（如生意、工作、职位），去一些自己不情愿去的地方，做一些自己不情愿做的事情，说一些自己不情愿说的话，见一些自己不情愿见的人。

在交际场合中，赔着笑脸，说着看似真诚的违心话。却忽视了家中，那个真的认真对待我们，等着我们回家吃饭的人。

席间，电话响了，是爱人担忧的声音：“这么晚了，怎么还不回来？”

“陪客户呢。”我们总是将陪客户这三个字说得天经地义。只要说是在陪客户，那便是最好的借口，可以晚回家，回家之后可以肆意地躺倒在沙发上大声吆喝，因为自己刚刚陪客户，谈下一笔大单子，保证了家庭下半年衣食无忧。

所以，我们总觉得这样的自己是家庭的功臣，理应受到爱人的完全理解和不干预。

很晚回到家，看到餐桌上摆着整齐的碗碟，卧室里，从门缝透出微微的光亮。打开门，看到的是爱人和衣而睡的画面。

此刻，内心是否有什么东西在碎裂?

我们整日陪这个喝酒，陪那个唱歌，陪来陪去，都不过是陌生人之间的金权交易罢了。可是真正需要我们陪伴的那个人，我们却一而再、再而三地忽视掉。

是不是，所有婚姻都会遇到这样的问题?只是因为整日相对，便想不起来要好好珍惜?如果仅仅是为了钱而去陪一些不相干的人，那么，为什么不能为了心，抽出点时间，来陪陪真心对我们的人呢?

剩女的“强悍心理”

“剩女”是教育部2007年8月公布的171个汉语新词之一，也可以称之为“3S女人”: Single（单身）、Seventies（大多数生于20世纪70年代）、Stuck（被卡住了）。

这些女人一般都具有高学历和高收入，条件优越。和她们同龄的女人基本都已经结婚生子，或者也是准妈妈。

但是剩女却依然独身一人。有人说，“剩女”之所以剩下，是被男人制造出来的。因为她们独立，有工作、有房子、有车子，普通的男人不敢往旁边站，那样会显得他们没本事，会让他们的男人心理承受不了。

至于优秀的男人，他们更不会去找剩女，成功的他们需要的是温柔贤惠的妻子，而不是叱咤风云，能和他们在商场上匹敌的女斗士。

于是，剩女虽然有着稳定的收入，高档次的生活享受，体面的工作，生活得惬意安乐，却独独在爱情上无法丰收。

高强度的相亲活动会成为剩女们日常休闲活动的主要内容。一来是家里着急，父母强迫她们去挑选男伴。二来有些剩女们闲来无聊，也乐意去借着相亲的机会，多结交几个朋友。

但是和剩女们相亲的男人，用脚趾头想想，质量也不会高到哪里去，要么是找不到合适的女朋友，要么就是性格有问题，女朋友谈一个跑一个的那种男人。

总之，剩女相亲，除了见光死，就是无话可说。久而久之，剩女们就练就出了极其彪悍的自卫心理。

“老娘就是鹤立鸡群，别人都着急嫁出去当家庭妇女，老娘就喜欢一个人自由自在地过单身贵族的日子。”

“婚姻是爱情的坟墓，既然如此，我干吗还要着急往坟墓里跳？”

“走自己的单身道路，让别人无话可说。”

“我的单身我做主。”

……

越是让剩女们赶紧结束被剩下的生活，她们就越会和成双成对的人唱反调。剩女们在单身的道路上，高举单身的旗帜，高唱凯歌。她们就是要用这样高调的姿态，来强调自己“剩下”也无所谓。

这时的剩女，已经是专门为了“剩下”而剩下了。

一辈子守着一个人，会闷吧

我们都知道**相爱容易，相处太难**。

曾经浓情蜜意的两个人在给对方套上戒指的同时，也许下了一个有关地老天荒的誓言。可是为什么结婚之后，很多人发现生活并不像自己想象的那样幸福，而是渐渐平淡乏味得有些令人厌倦。

当激情如潮水般退去，曾经“一日不见如隔三秋”的两个人开始变得彼此无话可谈。虽然同床共枕，彼此的距离实际上正在越来越远。婚姻悲剧的元凶究竟是谁？看了下面这个故事，或许我们就会找到答案。

妻子是一个温柔贤惠的女人。结婚之后，为了照顾好老公和孩子，她心甘情愿放弃了自己的工作，做起了全职太太。每一天她一定是家里最早起床的那个人。先做好一顿满足全家人不同口味又营养丰富的早餐，还不忘为老公泡好咖啡，然后伺候孩子穿衣吃饭，送孩子上学。回家的路上顺道去菜市场买各种新鲜的蔬菜。接着是一阵洗洗刷刷：昨晚老公孩子换下的脏衣服要洗，早上的碗还没刷完，地板每天都得拖一遍……这样的家务琐事虽然很累，但是妻子刚开始还是做得很开心，嘴上老是哼着轻快的歌儿。

丈夫其实也是一个很好的男人，每天下班后除了必要的应酬总是回家吃晚饭，陪孩子玩儿，给妻子讲讲今天办公室发生的种种故事。这其乐融融的画面总是令邻居们羡慕不已。

可是不知道从什么时候开始，紧张的气氛开始在曾经温馨的家里蔓延开来。妻子和丈夫之间似乎越来越无话可说，回家之后，他总是习惯性地坐在沙发上看报纸，等着妻子叫他吃饭。慢慢地他不是回家越来越晚，就是一回家就大吼大闹，指责妻子这里不对那里不好。

对于丈夫如此急转直下的变化，刚开始妻子以为是自己家务做得不够好，于是早上起得更早，绞尽脑汁地想出各种饭菜的新花样。可是，她越是专心于家务，丈夫的态度越是不好。妻子痛苦地想到，难道这场当初山盟海誓的婚姻要以悲剧收场？可是，她分明看到丈夫偶尔看自己的眼神里充满了柔光。

后来有一天，妻子正准备去打扫书房，却听见里面传来熟悉的旋律，那是当初恋爱时丈夫最爱给自己唱的一首歌。她走进去一看，发现丈夫正坐在椅子上闭目倾听。于是，妻子没有打扰，而是坐在丈夫的旁边，也听了起来。丈夫睁眼看到妻子，不像往常那样显出不耐烦的表情，而是温柔地将妻子搂进怀里，一起听着歌回忆过去

的时光。

这一刻，妻子突然明白，爱一个人，除了要给他创造一个干净温馨的家庭环境以外，更要给他留出一个和谐美好的内心世界，让两人共同建造。而丈夫也开始懂得，妻子的操劳全是为了这个家好，她并不是失去了当初恋爱时的情趣。自己不仅不应该责怪她没有花足够的时间和自己发展共同的兴趣爱好，更加不应该把工作上的烦恼带进家里，把气全都撒在妻子身上。想到这些，两人相视一笑，那一刻的眼神交汇，包含了太多的爱与理解。从此以后，这个家又恢复了往昔的宁静与幸福。

这个故事其实正在你我身边发生，想一想身边的爱人，你是不是已经很久没有关注过 TA 了？ TA 最近穿什么衣服，最近买过什么东西，甚至最近说过些什么新闻，你都已经不记得了。

其实，结婚后两个人都会或多或少地改变，这是为了适应新的家庭生活。我们都应该理解并且适应对方的改变。但其实改变最多的是你看对方的眼光。

当你发现你依然还深爱着对方，可是婚姻却出现了莫名的危机时，不妨调整一下自己的眼光，用当初恋爱的角度，去重新爱一次眼前这个为你做饭为你洗衣或者为你出门赚钱辛苦打拼的爱人。

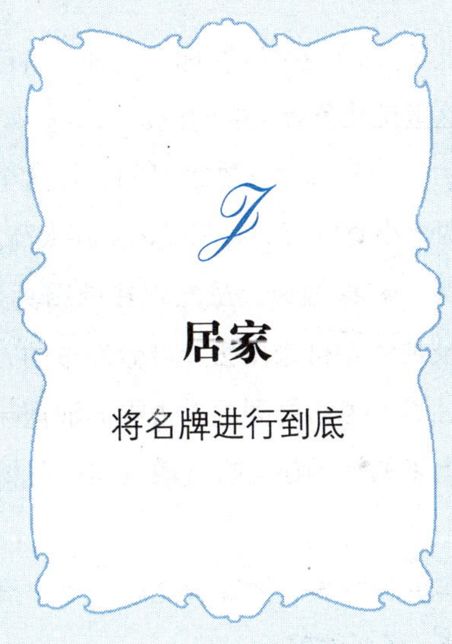

J

居家

将名牌进行到底

将下厨置之脑后

刨去节省开支、干净卫生这些优点之外，自己做饭，其实还是有许多缺点的，这里挑几条最主要的说：

一、耗时耗力，比较麻烦，耽误时间，在这个时间就是金钱的快餐时代，花费两个小时做饭的时间成本实在太高。

二、油烟太大，有损健康。虽然现在的厨具是越来越高级了，油烟会很迅速地被抽油烟机排出去，可做饭过的人都知道，从厨房忙活出来，身上还是不免沾染到难以去除的油烟味道。而且在锅边炒菜，不断翻滚上来的油烟还有煤气散发出的气体，对身体也有一定的损害。

三、后续工作更加麻烦。做晚饭之后，要收拾狼藉的厨房、擦拭油烟、扔掉垃圾，还要洗碗……

这一系列琐碎的工程，让刚打起做饭热情的人想起来就要皱眉头。所以，更多的人情愿去外面吃，也不想在厨房一折腾就是好几个小时。

四、厨艺不过关，自己做的自己都不爱吃。花了大力气，结果做出的食物却丝毫引不起自己的食欲。与其这样，倒不如直接去饭店好了，好歹花了钱，买了美食。

基于以上这几点，现在的年轻人是越来越不爱做饭了，尤其是女人，哪个女人不希望自己总是漂漂亮亮、清清爽爽的。

但是一进入厨房，自己就得扮演一个被油烟包围、围着炉灶打转的妇女形象，这让许多女人都难以接受。

于是，我们便不难发现，现在许多小夫妻的家中，电器俱全，厨具进口，锅碗瓢盆应有尽有，但却很少使用，顶多用锅煮几次速冻饺子。

烹饪是件享受的事情，只要不是让我们做大厨，我们还是很愿意分享烹饪的成果的。这是当下许多年轻人的心声。

其实也可以理解，现在生活压力大，工作节奏紧张，人们每天早出晚归，身心都很疲惫，如果晚上回到家，还要再做一顿饭，那就更累了。

所以，人们往往选择吃速食面，或者在外面的快餐店填饱肚子。只是这样的快餐，吃多了，也是很没有意思的吧？

可是，一想到那些烦琐的做菜程序，还有十分麻烦的后续工作，就让爱上做饭变得很难了。

如果，可以刨去那些烦琐的做菜程序，你会热爱自己家里的厨房吗？

为柴米油盐放弃酷奇、香奈儿……

托尔斯泰说过：“钱只有在使用时，才会产生它的价值，如果放着不用，就根本毫无意义。”

精明人往往精打细算地将衣食住行小心翼翼地考虑进去，虽然事事顾全了，但最终觉得毫无收获；而有的人却能够将钱花在那些有益的并能为家庭和自己的生活增加乐趣的事情上，这样钱才真正发挥了它的价值。

我们捏着每个月的工资，扣除柴米油盐，扣除煤气水电，扣除网费有线通信，然后把剩余的钱通通存进银行。

这样做，我们的理由是，积少成多，有备无患。

可是你有没有想过，你拿什么为你的生活埋单呢？当你路过博物馆的时候，你会不会为了节省那几十块钱的门票就放弃一次视觉盛宴？

当你从商场门前经过时，你会不会为了下个月的开销，就将一件你梦想已久的裙子放过呢？

当你路过书店时，你会不会为了省下这个礼拜的早餐钱，就放弃去买那一本你一直想看的书呢？

有时候，生活的优化会让我们感到幸福，可是当我们有了钱，却不能很好地优化我们的生活时，我们的幸福感也会随之下降。

聪明人的做法是把钱花在自己喜好的事情上，如果难以做到兼顾的话，他们常常先满足重要的方面，而在其他的方面克扣一下。

因为当你确信某事、某物能使你的生活更为充实时，不论它是一次旅行，还是一个孩子，或是别的什么，你都应尽力去得到它。

这样才能让金钱为你所用，而不会成为不会花钱的可怜的守财奴。这样的人生才是快乐的，只要有眼光，看准了那些能使你幸福的东西，就应不惜金钱去得到它。因为只有当金钱能使你获得幸福时，它才是最有价值的。

就好像这样一个故事：

安妮和弗兰克有5个孩子，他们虽然经济拮据，但每逢假日全家却必去滑雪。为此，他们要购置7副滑雪板、7双长靴、7副撑杆及每人的滑雪衫，还要付来回的车费及其他开销。

邻居们都认为安妮和弗兰克一家简直是疯了。十几年后，一个邻居又碰到安妮，她的孩子们都已各自成了家。“当然，我们那时过着贫苦的日子，”安妮说，“但最近，一个儿子在来信中说，他怎么也忘不了小时候滑雪时的快乐。”

这才是聪明的活法。整天为金钱困惑，生活便会沦为围绕一张钞票而上演的闹剧。懂得享受生活的人则不在乎自己有多少金钱，多可以过，少一样可以过，问题在于自己能否处处感悟到生活。

哪怕你的财富不多，但你照样可以拥有酷奇、香奈儿，拥有一切让你感到生活美好的东西，只要你想。

而那些总是犹犹豫豫，只想着攒钱备荒，放走了大好时光的人，最后钱没攒下多少，生活也没享受到，划不来。

国货 PK 洋货

三星的手机、索尼的相机、欧莱雅的洗发水、DHC 的洗面奶、阿迪达斯的运动鞋、劳斯莱斯的座驾……

有没有发现，你手头握着的，身上穿的，就连计划要买的东西，都是洋货。

吃着 KFC，喝着可口可乐，听着黑人音乐，读着村上春树的小说……

从什么时候起，我们在自己的国家，渐渐地脱离了自己的文化产品。去超市现在也总是选择家乐福、沃尔玛等一些国外超市，超市里消费的物品也有不少是进口的。

当你在货架前一眼望去的时候，吸引你的除了洋货，还有什么？

其实，无论你是立挺"国货"的激进分子，还是忠心耿耿的"进口党"，国货都是我们每个人心底的一种记忆，是一种附着记忆的认同感。

对于 80 后的人来说，如果仔细回忆，还能够想起小时候用的护手霜，小小的一个铁盒子，上面薄薄的一张锡纸覆盖着。

妈妈用她温柔的手将我们的双手擦满护手霜，那淡淡的香味，持久不息，比现在许多昂贵的护手霜要好用得多。

在被洋货充斥的市场中，依然还是有国货在顽强地占据着一席之地的：

梅花牌运动服、海鸥相机、乐凯胶卷、永久自行车、凤凰自行车、回力胶鞋、飞跃胶鞋、双星运动鞋、万紫千红润肤脂、郁美净、蜂花护发素、大白兔奶糖、小白兔儿童牙膏、德生收音机、小霸王学习机、英雄钢笔、鸵鸟墨水、北京牌暖水瓶内胆……

这些经典的国货，价格公道质量又好，并不比那些昂贵的洋货差，但我们还能记得多少呢？

将名牌进行到底

有没有统计过你每个月花在名牌上的钱有多少？如果没猜错，很多人会为此花去大部分积蓄。

但是，你依然乐此不疲地为这些东西付费。你办信用卡，透支大额资金，为的就是拥有这些名牌。

如果谁要和你说，人生可以简单些，不需要名牌来装点时，你会理直气壮地说出一百条理由来反驳："在现在这个社会，如果没有一些名牌来打造自己，那根本显现不出自己的价值。"

"现在的东西都是一分钱一分货，30 元的衣服和 300 元的衣服就是不一样。"

“超市购物，同样是拖把，便宜的就是没有贵的好用。与其贪便宜吃亏，不如买贵的，一次到位。”

“吃饭选择高档的餐馆，无论是服务还是菜品都是好的，如果为了省钱，选择一些低档的餐馆，天知道他们会往菜里加什么？”

“……”

这就是你奢侈的理由。

听起来的确是无可反驳，可是每个月底看到长长的账单，还有信用卡上巨大的金额窟窿，不知道这个时候的你，是否还能够坚持昂贵的消费？

居家过日子，到底是应该一分钱掰成两半花，还是应该为了保持高品质的生活水平，就消耗大量的金钱？

生活，是否花大钱，用名牌才能提升质量？

屋里的东西，总在用时找不到

“我上个月刚买的牛仔裤去哪儿了？”

“我昨天刚发的工资放哪儿了？”

“我的钢笔呢？”

“我的……”

总是有一些东西，是你在最需要的时候，偏偏就消失得无影无踪了。你翻箱倒柜，将屋子翻得乱七八糟，但那些东西就好像蒸发了一样，不见踪迹。

在乱七八糟的物品中，你恨不得仰天长啸，希望上天能把你需要的东西变出来。最终，你搜集无果，只得拿别的东西代替或重新购买。

而在之后的某一天，或者某一个月里，这件东西自己就会出现在你的面前。

相信，这是许多人都遇到过的问题，不是我们不爱整洁，真的只是东西太多，一样一样堆放下去，总有被淹没的。

尤其是许多女孩子，平时买许多的小饰品、化妆品、衣服等，而储物空间又有限，就只得随手乱塞。

慢慢地，一些东西就这样一塞，结果一次也没用过就莫名其妙地消失了。然后在某次大扫除的时候，自动蹦出来……

还有一个原因，就是空间太小。这是许多年轻人的苦恼，因为现在许多年轻人为了谋得更好的发展，不远万里地离开家乡，去一个大城市工作。

刚开始发展事业，自然只得租房子。

而为了节省房租，房子自然也只能是简陋一些，面积小一些，家具少一些。这样，东西自然就没法很好地摆放开来，出现上面所说的情况也就不足为怪了。

你的“宅”姿态

“宅”，字典上的解释为：住宅、家宅。

这个字现在更多地衍生为一种人群的生活态度，当下许多年轻人自称“宅人”一族，他们不喜欢出门，不喜欢与人交流，每天就是沉迷于电脑游戏、网聊、逛论坛、看电视等不需要与人当面交流的活动之中。

作为外来词汇，“宅”，全名御宅，分为宅男、宅女。一般来说，宅人主要分两种：一种是沉迷动漫，一种是沉迷计算机网络。

他们的特性分为五种：(一）不爱挪窝；(二）不爱主动；(三）沉迷某物；(四）自我世界高度自恰；(五）最重要的—— 对生活很满足。

没有人真正统计过这样的“宅族”究竟有多少人，但这一族群正在不断地扩大，却是不争的事实。

这些人不爱出门，不论外界有着怎样的好玩儿的、好吃的、好看的在向他们招手，他们顶多是抬眼看一下，然后继续翻个身，又缩回到椅子里，保持着自己一贯保持的姿势，将这些外界的诱惑统统甩到脑后去。

不是宅人的抵御力强，而是他们对眼下这种无人打扰的生活实在陷入太深。虽然可能在他们的内心某个角落里，也会有一个让自己走出去的声音。但那也只不过是片刻响起而已，很快，就会被他们忘记的。

不知道从什么时候起，“宅”流行了起来，就好像流行性感冒一样，传染了四周。这些不愿离开自己房间的人们，哪怕外面春光正浓，也不乐意迈出自己的腿。

在百度搜索“宅男”，结果为1240万项；搜索“宅女”，结果为2120万项。

而搜索其他，似乎远远不及这两个关键词的结果多，“宅”不知道从哪夜起，居然有了这么高的流行度。

在提到“宅”的时候，你通常会将宅人想成什么样子：社交障碍？不修边幅？身材走样？永远孤身？

突然之间放眼四周，那些与你擦肩而过、行色匆匆的路人们，似乎每个人脸上都写了一个“宅”字。

根据一次对御宅族的调查表明，具有高社交能力的宅人占了御宅族总数的18%，这个数据恐怕要高于人类的平均水平。

那么，既然御宅们并非在交际方面存在问题，他们为什么不愿意走出自己的小天地，去迎着明媚的阳光，与三五好友浅酌低唱呢？

其实原因就在于，在我们这个时代，沟通和交往早已不受地理位置的限制了，他们只是走在时代的前沿。

御宅族不挪窝，但只需点击几下鼠标，就能将E-mail在几秒之内发送到地球的另一面；御宅族不挪窝，但只需偶尔扫一眼屏幕右下角闪闪的图标，就能在第一时间知悉远方亲友的音容笑貌，进行毫无障碍的即时沟通。

对于不宅的人们来说，行走又能走多远呢？

御宅族不挪窝，但只需想起一个泛黄的名字，就可以在各种SNS上面联系到思念的另一头；御宅族不挪窝，但只需将自己关心的人的博客拖到订阅器，甚至可以知道他们今天吃了什么午餐。对于御宅族来说，交际圈子可以覆盖整个地球，海内存知己，天涯若比邻。

对于不宅的人来说，生活的圈子又有多大呢？

御宅族不挪窝，但只需在Google中输入一个词，就可以得到几乎所有的相关信息，上至“勇气号”火星车走到了哪里，下至“杏仁露”放在后备箱里会不会冻坏，事无巨细，一览无余；御宅族不挪窝，但只需登录一个论坛，两个门户，就可以看尽天下新闻，偶尔，还能看到点真相。

对于不宅的人来说，信息的渠道又有多宽呢？

所以，别看御宅族不挪窝，不主动，似乎永远都痴痴地坐在同一个地方，其实他们并不自闭，并不缺乏沟通，他们身宅而心不宅。事实上，正是因为渴望更远的沟通，渴望更多的沟通，他们才轻轻关上房门，选择了宅。整天往外跑的人，世界很大，总也跑不到边；但对于御宅族来说，世界就是一个小村子，运筹帷幄之中，就能决胜千里之外。

“宅”是一种姿态，就如同“不宅”也是一种姿态一样，这里只能说我的姿态我做主，别人管不着。

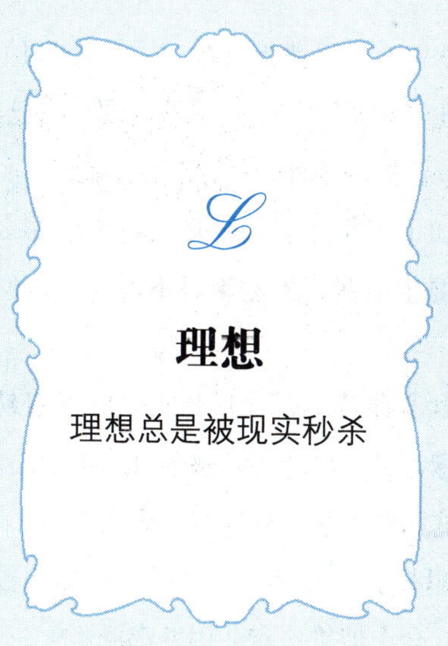

理想

理想总是被现实秒杀

你上了大学，还是大学上了你

大学四年，学费、生活费、杂费，一个大学生的花费是很大的。

但是大学毕业，出来工作时，赫然发现，自己这四年大学上的，空壳一个。用人单位提的条件，一个都不符合。

或者勉强参加了工作，但每个月的薪水就那么点，有时候还得厚着脸皮跟爹妈要生活费。虽然爹妈不说什么，但你也会觉得内心有愧。

当初，父母含辛茹苦地抚养你长大，好不容易盼着你上完了大学，希望你有出息，可是你却还是每个月入不敷出。

有时想想，这四年大学，到底有什么用?

大学里学的思想教育政治课、C语言、高等数学……这些课程一一数过来，在社会上似乎一点儿用处都派不上。

可是当初为了学好这些课程，为了不挂科，每天还是要趴在自习室里认真刻苦。刻苦了四年，完成了大学交给的全部任务。

毕业的时候，希望这些知识能够化成有用的能量时，傻眼了。

因为公司需要的，和你有的，根本不配套。

所以，有人发出了这样的感慨：

当我们读小学的时候，读大学不要钱；

我们要读大学的时候，读小学不要钱；

我们还没工作的时候，工作是分配的；

我们可以工作的时候，撞得头破血流才勉强找份饿不死人的工作；

当我们不能挣钱的时候，房子是分配的；

当我们能挣钱的时候，却发现房子已经买不起了；

当我们没有进入股市的时候，傻瓜都在赚钱；

当我们兴冲冲地闯进去的时候，才发现自己成了傻瓜；

当我们没找对象的时候，姑娘们是讲心的；

当我们找对象的时候，姑娘们是讲金的；

当我们没找工作的时候，小学生能当领导；

当我们找工作的时候，大学生只能洗厕所；

当我们没生娃的时候，别人是可以生一串的；

当我们要生娃的时候，谁都不许生多个的。

既是对生活的不满，也算是对大学生活的一个交代。

从小就接受的信息是好好学习，将来考一个好大学，找一个好工作。前两项条件都符合了，但最后结果却变了。

是这时代变化快，还是我们没跟上脚步。

有人公布了中国新白领十项标准：①月薪 2 万元以上；②坚持健身和运动；③至少有两居室；④有 15 万元左右的代步车；⑤有固定的朋友圈子；⑥工作不局限于在办公室完成，工作远程化是未来趋势；⑦工作朝九晚五，有足够的闲暇时间；⑧有独特的娱乐方式；⑨重视低碳生活；⑩有钟爱的时尚品牌。

看看你是白领吗？

掰着指头算了算，原来四年大学读下来，自己连个白领都算不上，真不知道是你上了大学，还是大学上了你……

理想总是被现实秒杀

“北漂”这个话题并不陌生。

“北漂”指到北京寻找发展机遇，抑或已经找到“饭碗”，但一无住房、二无户口，尚未在京城“扎根”的人。

据说“北漂现象”在清末民初就开始了。历史上有名的北漂代表人物有：

相声大师侯宝林、郭全宝、白全福、常贵田、张少杰和评剧表演艺术家白玉霜、新凤霞等人，都属于艺术界的北漂达人。

沈从文要算得上是文学界的北漂成功人士。

齐白石是书画界的北漂人才。

可以说，这些人如果没有北漂经历，就很难有后来的成就，但他们也是经过现实残酷的几番打压之后，才有了骄人的成绩的。

现在的“北漂”大多是有学历、有能力、有抱负，怀揣着梦想，渴望来北京创下一番事业的有志青年。

他们对人生充满热情，相信凭着自己的双手和头脑，一定能够创下不菲的收益，到时候衣锦还乡，一定很自豪。

可是现实中的“北漂”大多是为生存苦苦奔波的人，他们为了能够在这个城市有一席之地，付出了比本地人更多的努力。为了能够在北京扎根，他们真的是历尽千辛万苦了。但是到底梦想能不能成为现实，就得另说了。

有一些“北漂”，的确运气好，能力也好，发展得顺利，抓住了机遇，没几年，便成为了有房有车的人。

但大多数“北漂”，要在人才济济的首都占得一席之地，确实是比较困难的。

许多“北漂”都是在辛辛苦苦打拼。

有一位北漂青年，他大学就在北京上的，毕业后他选择留在北京工作，为的就是能够在他喜欢的城市扎根。

他的工作虽然稳定，但工资并不算高，一个月除去必须的花费，基本就所剩无几了。在北京几年，他也没什么存款，谈了一个女朋友，打算结婚，但是一想到这里高昂的房价，两个人就只能摇头了。

眼看着家乡那边，自己的同学一个个都结婚生子，过上了安逸幸福的生活，他心里也着急。

可是一想到放弃在北京这么多年的奋斗，回到家乡，他的心里又很不甘。“毕业时的梦想是好的，可是在现实面前，瞬时就被秒杀了。”

和这位青年一样情况的“北漂”不在少数，他们并不是不优秀，而是现实真的太无情了。

于是，有的“北漂”在奋斗无果后，最终还是回到了家乡，过起了和父辈一样的生活，放弃了当初的梦想。

还有的人，坚持留了下来，但是却始终漂着，就连他们自己，也不知道自己什么时候能够真正属于这个城市。

所以，“北漂”们为自己写下了这样的歌，用无人理解的曲调，吼着自己内心的无奈和迷茫：

北京是一个30岁没结婚都不嫌晚的地方

北京是一个不要看不起任何人的地方

北京是一个你在马路上大吼一声却无人理睬的地方

北京是一个被人骗又去骗别人的地方

北京是一个让你时刻在受伤却不得不强装坚强的地方

北京是一个父母来了不到两个月就吵着要回去的地方

北京是一个自己留下打拼把小孩送回老家的地方

北京是一个靠打工仔打工妹建设起来，政府却不让他们享有社会福利的地方

北京是一个初次见面第一句问你是哪里人，第二句问你来北京多久了的地方

北京是一个你整天拼了小命挣钱的地方

北京是一个过节就不知道到哪里，到哪里都找不到家的感觉的地方

北京是一个住了十几年的邻居不知道姓什么的地方

北京是一个我每天都想离开，却一直没能离开，有机会离开又放弃离开，继续想着离开的地方

北京是一个满地黄金普通百姓却很难捞到的地方

北京是一个《钢铁是怎样炼成的》揭晓答案最佳的地方

北京是一个让很多怀揣梦想的人迷失方向，前途渺茫却不愿放弃的地方

北京是一个围墙，来的人想走、没来的人想来的地方

北京是一个矛盾的城市，这里有几乎是全世界最便宜的公交，却也有我们一辈子可能也承受不起的房价。北京是一个复杂的城市，有时候你爱它爱到骨子里，有时候你恨不得转身就跳上回家的列车。

北京是一个记忆的城市，若干年后，你会发现在三环的某个天桥上回响着你天真的幻想，在斑驳的胡同里也留下了你浪漫的徜徉。

北京是一个奋斗的城市，清晨人行横道上闪过你穿梭的背影，夜晚街边路灯下却才看清你年轻的脸庞。

这就是首都，这就是北京。爱它、恨它都在这里，这里有我们的青春、我们的梦想。所以，加油，一起加油。

无论当初，你是怀抱了多么万丈的理想来到北京，在现实的残酷下，这些豪情总是被瞬间秒杀。在你还没明白世界是什么样子的时候，你就已经被世界所抛弃了。曾经有句话是“不是我不明白，而是这个世界变化太快”。

现在可以换句话来说，“不是我不想好好混，而是这世界太残酷”。

选热门专业，却让自己变冷门

许多人在上大学选择专业的时候，总是热衷于选择将来好就业的热门专业，诸如计算机、医学、经济等专业。

在他们看来，选择了这些专业，将来就可以谋得一份收入不错的稳定工作，这一辈子就衣食无忧了。

当大学读完，出来就业时，他们却发现，这些专业的确很热门，薪水也确实足够高，可是和他们抱有同样想法的人也很多，于是大家一哄而上，为了这一个个热门的职位，撕扯得不亦乐乎。

等他们赢得了那个热门职位时，又忽然发现，和自己原先想的差距很大，于是，热情便渐渐被消磨。

这份看似热门的专业，却始终无法调动起你内心的激情。面对工作，你只想应付完事，你就只是把它当做一份工作而已。

于是，生活中就出现了这样的一批人，他们从事着别人很羡慕的工作，但是他们自己却不以为然，甚至有很多人总会发出"我也很努力，但就是做不到最好"的感慨。

的确，他们并非是在谦虚，眼看着别人纷纷晋升加薪，可是他们自己却还是停留在刚毕业时的起点，一步也没有迈开。

有的人会指责说这话的人还是工作态度有问题，不然真努力工作了，岂有做不好之理？其实归根结底并不是这些人不够爱岗敬业，而是职业本身并不是他们最适合的。

换言之，要想真正把一项工作做得得心应手，就要选择正确的人生目标。那么，原来选错了怎么办？不要犹豫，放弃它，去把握属于你的正确方向。

但许多人已经被生活磨得没了志气，他们不愿意再去折腾了，于是就在热门的岗位上，一天天地打发时间，最终让自己成为了热门专业上的冷门。

人生的悲剧不是无法实现自己的目标，而是不知道自己的目标是什么。成功不在于你身在何处，而在于你朝着哪个方向走，以及能否坚持下去。没有正确的目标，就永远无法到达成功的彼岸。

过得很辛苦

勤能补拙，所以，我们分外勤奋。

每天早早起床上班，乘地铁、坐公交，晚上加班回来的时候，头顶已经是月亮当头了，一天的时间就在忙忙碌碌中耗费了。

这都是因为我们深信：勤劳致富。

人似乎生下来就应当是勤劳的。那些懒惰的、不辛勤的人，我们总是觉得自己羞于与他们为伍。

从小到大，我们已经掌握了许多关于勤奋的格言，以至于勤奋几乎成了我们眼中唯一不变的法则和真理。

所以，我们辛勤得毫无怨言，虽然我们现在还并未因为自己的勤劳得到过丰厚的回报，但我们坚信，总有一天，天道酬勤。

这一直是我们从来就接受的教育，不是吗?

但是，也许你总会陷入这样的情景中：工作经常加班加点，但是还没有得到升迁的机会；付出的总比别人多，却没有看起来更轻松的人那么富有阔绰；累死累活却得不到众人的肯定……

你依然勤劳，但内心应该也会多少有些不那么笃定了，到底是自己还不够勤劳，还是别人比自己更加勤劳？

毋需置疑你的勤劳，勤劳没有什么不对，但这些事实的存在说明你过分迷信勤奋的作用，而忽略了勤奋和努力的一个必要前提，那就是：作出正确的选择。

有这样一个故事，讲一位同样非常勤奋的年轻人，他很想在各个方面都比身边的人强，但经过多年努力，仍然没有长进。他很苦恼，就向智者请教。

智者住在深山之中，每日悠闲度日。看到青年的疑惑，他叫来正在砍柴的三个弟子，嘱咐他们说：“你们带这个施主到五里山，尽可能多地打柴回来。”年轻人和三个弟子沿着门前湍急的江水，直奔五里山。

等到他们返回时，智者站在原地迎接他们。

年轻人累得满头大汗，扛着两捆柴气喘吁吁地来到智者面前，他本还想等智者赞扬他的勤奋。

但是没想到智者看都没看他一眼，而是看向了自己的三个弟子。顺着智者的目光看去，年轻人顿时惭愧了。

只见两个弟子一前一后，前面的弟子用扁担左右各担四捆柴，后面的弟子轻松地跟着。正在这时，从江面驶来一个木筏，载着小弟子和八捆柴火，停在智者的面前。

“本来我也是砍了好几捆柴，但是路途太遥远了，我实在是背不动了，就在半道上扔掉了几捆，但我保证，我绝对是用尽了自己最大的力气来完成这项任务的。”年轻人急忙向智者解释。

智者走到年轻人面前，拍着他的肩膀，语重心长地说：“一个人要走自己的路，本身没有错，关键是怎样走；走自己的路，让别人说，也没有错，关键是走的路是否正确。年轻人，你要永远记住：选择比努力更重要。”

这说的不就是我们吗？我们总是抱怨自己过得很辛苦，却从没想过自己为什么会这么辛苦。辛苦并不是生活给的，而是自己赋予自己的。

有时候，我们就是那个年轻人，自以为自己足够的勤奋，却不知早已用错了方法，让自己劳累不说，还远远地落在了别人后面。我们为什么要过得这么辛苦，疲于赶路真的就能超越所有人吗？

理想该往何方寻

生活的理想就是理想的生活。

于是，很多时候，许多人为了理想的生活，便在人生中不断地奔跑，奔着下一个目标不断奋进，因为他们心中有一个理想，那就是理想的生活。

就这样，人们的生活被忙碌以及一个又一个的目标所占满，心里、眼里也只剩下这个目标。

直到有一天，人们偶然间抬头，忽然发现，头顶的星辰真美，自己好像许久都没有看到了。

事实永远都是这样，如果天上的星辰一生只出现一次，那么每个人一定都会出去仰望，生怕自己错过，因为那一次仰望是唯一的机会。

但不幸的是，它们每晚都闪亮，所以我们好几个月都不去抬头望一眼天空。罗丹早就说过："生活中不是缺少美，而是缺少发现。"不会欣赏每日的生活是我们最大的悲哀。

其实我们不必费心地四处寻找，美本来就是随处可见的。

只要我们将眼睛看向别处，就能够发现生命的过程实际上是很美妙的。

一杯茶的清香，一碗酒的浓烈激情，每天早晨出来呼吸着那些新鲜的空气，给自己泡一杯咖啡，听一曲优美的曲子，抑或和朋友谈谈心，陪父母一起看看电视……

这些点点滴滴都是我们所谓的理想生活，因为当我们真的奔到终点，奔向了理想生活时，我们也只能是过这样平淡却温馨的日子。

可是现在，理想生活被我们扩大化了，我们忽视了这些，忘记了好朋友的生日，忘记了亲人的纪念日，每天想着的就是看不到尽头的房贷还款，钞票化的人情往来，职场上的尔虞我诈。

我们的生活被物质占满了，为了不再为物质发愁，我们急着赶路，跑得气喘吁吁都不停息。

渔夫和富翁的故事正是讲述了这个道理。

一片沙滩上。

渔夫在悠闲地晒太阳，富翁走上前去斥责渔夫不务正业，游手好闲。

渔夫问：“我工作那么辛苦能怎么样呢？”

富翁自豪地说：“像我这样挣很多钱，每天衣食无忧啊。”

渔夫继续问：“衣食无忧又能怎么样呢？”

富翁说：“可以四处旅游，比如来这片沙滩上悠闲地晒太阳啊。”

渔夫继续躺着：“可是我现在做的正是你想要做的。”

我们有时就像这个可笑的富翁一样，明明追求的生活就在眼前，却还是要绕一个人生的大圈才能看到。

如果我们的眼睛能偶尔向路旁看一看，那么或许，我们的生活也就没那么单调了。

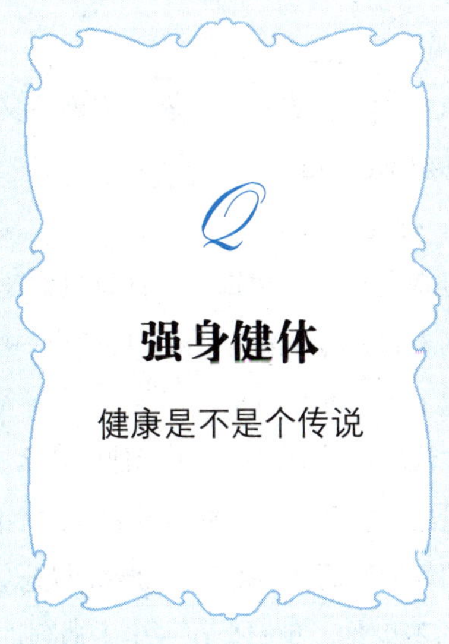

强身健体

健康是不是个传说

健忘找上门

“嗨，好久不见，最近还好吗？”

大街上，有人突然向你打招呼，看起来熟悉又陌生，你能肯定你认识他，但你却想不起他的名字。

“哦，挺好的，你呢？”

你一边慌乱地应付着，一边以电子计算机的速度在自己脑海中搜索过去所有和此人有关的片段，希望能够找出一些蛛丝马迹。

结果，你失败了。

你能够确定你认识他，但你却想不起他叫什么……

谈话陷入尴尬之中，朋友肯定能感觉到你的不自在和陌生木讷，本来是一场好友的怀旧谈话，不得不因为你的淡忘，匆忙结束。

这样的情况并不少见，我们会在一生中遇到许多人，有的人留在了我们的生命中，宛如刻上一般，不可抹去。

但更多的一些人，却还是擦肩而过，就此相忘于江湖之中了。

有时候，你忘记别人，有时候，别人忘记你。

或许是我们生活的这个世界太大，总有太多的人等着我们去见，去认识，所以，我们的脑容量就将那些以为再也见不到的人剔除了。

有时候闭着眼睛想一想，从年幼到青春，从成长到成熟，这期间，有多少曾经我们以为是永远忘不掉的人，而今，却在慢慢淡忘。

或许，这就是岁月的魔力，轻而易举，让你在不知不觉中，就做了一个健忘的人。你忘记的不是别人的模样，而是你的过去。

不要以为健忘只是老年人的专利，现在，看看你自己，看看你身边的朋友，是不是越来越多的年轻人也跨入了健忘的行列呢？

间歇性的遗忘症是许多人尴尬的所在，仔细想想，我们是从什么时候，开始丢三落四、忘东忘西的？

“革命的本钱”在报警

工作一直不顺，总是出错，经常要熬夜，饮食不正常，日常生活的秩序被打乱，睡眠、休息状况大打折扣，常常感到疲劳、烦躁……

如果你有上面所说的这几种情况，那你的健康问题就要被关注了。其实，现代人的健康状况普遍下降，已经不是一天两天了。

从 2007 年年初开始，这种状态已经“晋级”到一个新高度。

2007 年劳动节，一个全新的词语进入人们的视野——“过劳模”。即平均每天工作 10 个小时以上，基本没有休息日，睡眠不足、三餐不定……

他们的工作强度可能比“劳模”有过之而无不及。而他们得到的除了奖金和红花之外，还有腰酸背疼等一身的疾病代价。

某市某小学年仅33岁的骨干教师忍住剧烈腹痛，坚持上完最后一堂课，殉职在三尺讲台上。

一位年轻的病人面色灰暗地走出了医院的大门，医生建议他在家服药静养，只有6年职场经历的他，将在很长时间里不能从事软件开发了，在他之前，已经有3名同事因过劳被迫辞了职……

这样的事情还在发生，并且越来越多，每天上班的时候，打开新闻窗口，总是能看到关于白领们高负荷的工作压力，还有一些伴随着死亡的灰色事件。

快节奏的生活，高强度的工作，诸如此类的职场问题不断困扰着人们，诱发了一系列的身心疾病。

这也正是我们所提到的过劳死。按说现在科技发达，什么事情都比原来要高效得多，怎么还会有人因为劳累而死呢？种种迹象表明，职场亚健康正慢慢侵蚀着人们。失去健康，生活就充满痛苦和压抑。没有它，快乐、智慧、知识和美德都黯然无色，并化为乌有。

如果没有健康，那你正在追求的权力、金钱还有什么用？没有健康，财富变成废物，容貌也无法展现。

二十几岁的年轻人，如果因为劳累，体质差得像个老人，那还有什么劲头？身体是革命的本钱，再说，我们生活在这个分秒必争、变化莫测的世界，总会被许许多多意想不到的事件困扰，这些都需要我们强壮的身体和健全的精神，去一一处理和克服。

如果你的身体出现了以下的症状，你的工作有了这些因素，那你就要提高警惕了，因为过劳正在侵入你的生命：

经常感到疲倦，忘性大；

突然觉得有些衰老，肩部和颈部发木发僵；

因为疲劳和苦闷失眠；

因一点小事而烦躁和生气；

体重突然变化大，出现“将军肚”；

一天吸烟 30 支以上；

晚上 10 点不回家或者 12 点以后回家占一半以上。

是不是觉得这些很像你的日常生活，那就说明，你革命的本钱已经开始拉响警报了。

健康是不是个传说

每周工作之余，你会选择怎样的休闲方式?

多数人会选择在家睡懒觉、玩游戏，或者逛街。

忙碌了一周，整日待在狭小的办公室里，结果休息的时候，依然要将自己困在同样不大的屋子里，同样对着电脑、电视等一些辐射性很强的电器。

这样的休闲哪里还是休息，压根儿就还是在继续折磨我们的身体。

所以，不妨走出去，去户外呼吸呼吸新鲜空气。

但是走到户外才发现，空气也不新鲜，周末到处都是人山人海，大家就像从地底下冒出来的一样，在商场里、网吧里、各类酒吧里、咖啡馆里、饭店里，还有大街小巷里……

无数的人，无数的车，这样的周末只会让人更累。

如果选择出行去郊外踏青，那无疑又是一次挑战。

去郊外可以选择自驾游或者乘车去。

自驾比较方便，但堵车会让你心疼油钱，而且旅游景点的停车位一般在周末会非常紧张，眼看着到了景点，却没地方停车，更让人心焦。

如果乘公交车去，时间拖得比较长，一天的时间，基本上就要在路上耗费了。

好不容易到了景点，依然是满眼的人，大家都是抱着和你一样的心态，来郊外放松的，可是，一眼望去，这和都市里也没什么差别。

熙攘的人群会让你感到更疲惫。

如果不想远行，可以选择一项体育运动，找一个体育馆热热身。

但是周末体育馆价钱暴涨，就算你狠下心要花钱来运动的时候，偏偏还轮不到你，早被人预订一空了。

这样的周末比在家宅着更累人。

所以，还不如在家上网，虽然无聊，但起码不用那么累。

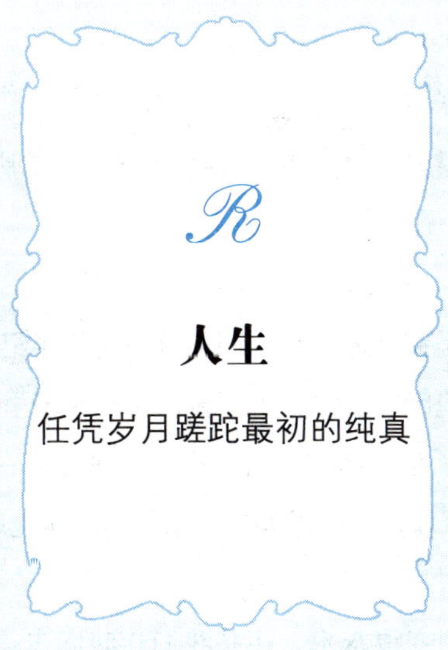

R

人生

任凭岁月蹉跎最初的纯真

20 岁到 30 岁，那些渐渐忘却的目标

20 岁，相信铁杵磨成针的年纪。

20 岁，渴望驴行天下、自由自在的年纪。

20 岁，期望建功立业，在社会上能够大展拳脚，拥有美好的爱情、完整的家庭、辉煌的事业的年纪。

……

30 岁，无论是铁杵还是针，都不再关注的年纪。

30 岁，喝酒应酬到发疯，下了班情愿躲在家里睡觉的年纪。

30 岁，明白了鱼和熊掌不可兼得的道理，明白了金钱和爱情是可以相互替换的原理，明白了人这一辈子，其实也就那么回事。

……

是时间让我们变得麻木，还是我们让时间走得太快，快到当初信誓旦旦许下的誓言，眨眼间就被抛到了九霄云外去。

校园里，郁郁葱葱的树木下，那个美好的姑娘怀抱着课本，在阳光下灿烂的笑容，当时就发誓，要将这爱情烙印在自己的生命中。

但眼下，陪伴自己生活的却是整日和自己唠叨柴米油盐酱醋茶的中年妇女，每日两个人算不清的都是信用卡账单、电话费，还有各家的绯闻八卦。

当初那阳光下的爱情，现在就连做梦，都已经记不起了。

大学四年，拿了数不清的奖状和奖学金，雄心勃勃地想要在社会这所大学里，也依然战绩辉煌。

但是几年过去，战绩虽有，却是可以忽略不提，忽然发现，那些个在大学里远不如自己的人，而今却已是香车美女环绕。可是自己，奋斗打拼了许久，依然是房贷、车贷压身。

当初的壮志，现在想起来，都想嘲笑自己一番。

网上有人将自己的20岁与30岁做了对比，站在自己30岁的路口处，回望了自己20岁的模样。模样依稀可辨，却是早已模糊不清了。

10年以前津津有味地看偶像剧，逢到中间插的广告，连忙换台或者上厕所；10年以后津津有味地看各种广告，逢到偶像剧，连忙换台或者上厕所。

10年以前我听见别人说谎，立刻会大声地揭穿；10年以后我听见别人说谎，笑笑，就走开了。

10年以前我对一个女孩子说："我爱你。"她说："对不起，我们还小。"10年以后我对一个女孩子说："我爱你。"她说："对不起，我还小。"

10年以前明知道那个女生很喜欢自己，也不敢追她——怕被拒绝；10年以后明知道那个女生不喜欢自己，还要去追她——被拒绝也无所谓。

10年以前邻居养了条小狗，我每次回家，它都会窜出来，呼噜呼噜地用鼻子蹭我的裤腿；10年以后偶然回到老房子，邻居家的那条狗已经很老了，躺在门边晒太阳，看见我，忽然摇摇尾巴，站了起来。它居然还认得我！

10 年以前，别人告诉我一个故事，我假装不信，其实是相信的；10 年以后，别人告诉我一个故事，我假装相信，其实是不信的。

10 年以前交过一个笔友，寄来一张红色的树叶书签；10 年以后整理柜子时，忽然掉出这张书签，还有几封信。信扔了，书签被随手一搁，后来也找不到了。——保存了 10 年的东西，才几秒钟的工夫，就没了！

我们最初的目标，就好像那张被遗忘在柜子角落里的书签，好不容易在岁月的尘埃中将其翻出，却还是一个不小心，就彻底地将其丢在了时光中。

读书的选择

贫瘠的生活不光指物质上的贫穷，更指精神上的匮乏。

按说，现在人们的生活，不论是物质还是精神，应该都是丰富无比的了。随处可见的书店、图书馆、电影院。

这些文化设施在不断地丰富着我们的生活，但同时，也在蚕食着我们的思想。说到这里，就要提一提当下我国的图书市场了。现在的图书市场非常火热，每天上架的新书铺天盖地，让读者都眼花缭乱了。

但是，这些图书中，到底哪些是适于阅读，能够带给读者营养和知识的？而哪些又是图书市场中的垃圾，会影响读者正确的人生观和价值观的呢？

这个判断很不好下，因为目前我国的图书市场正处于转型期，缺乏规则和真正的文化水准。“著书立说”太容易，这也就导致了现在图书市场的鱼龙混杂。

一些人为了自己的利益，对图书质量毫不在乎，导致“书海”因为现代工业文明的污染而出现了污浊。

如果简要地归类，可以将现在的不雅、不值得一读的图书分为下面这几类：

第一种：低级的、黄色的、暴力的书籍。现在这种黄色、低级、粗制滥造的书在市场上并不少见。这类书多半是一些网络写手或者是某些书商雇用的写手写出的，书里全是一些不利于身心健康的内容。

但这类书会依靠情节来吸引读者，就好像吸食鸦片一样，这类书是能够让人上瘾的书。如果接触到这类书，要果断地拒绝，不要让它污染自己的心灵。

第二种：故意扭曲真相，错误地、虚假地反映社会和人生的书。这类书现在并不少见，它们为了吸引读者眼球，故意将一些十分常见的观点重新提炼出来，加以颠覆，用一些看似很有道理的歪理去博得读者的认同。

这类书多会被放入心理类或者人生励志类的范畴内，许多想从书中探知人生哲理的读者，很可能就会被这类书给污染了。

第三种：颠覆历史真相的文史书。历史是客观存在的，也是严谨的，是需要进行严密考证的。

但现在偏偏就有一部分历史书，为了讨好大众，歪曲历史事实，或者刻意地捏造历史，让读者接收错误的历史信息。例如一些历史揭秘、历史谜团之类的图书，这些书里本身就错误百出，一些观点含糊不清，却还是摆上了货架，这是很不道德的。

第四种：民间养生类图书。一些书商为了个人利益，抓住了当下人们关心健康又不爱就医的心理，推出了养生图书。这些图书介绍了大量养生理念，简单易行，方便操作，但这些养生术的背后，科学依据却并不充分，有些甚至是胡编乱造的。读者尝试之后，不但起不到应有的作用，还会有一定的副作用。

……

总之，图书越来越丰富，也就需要我们的选择越来越谨慎了。

任凭岁月蹉跎最初的纯真

从小到大，每个人都曾有过种种奇妙、瑰丽的梦幻，但渐渐地，由于他人的嘲讽、怀疑，自己的动摇、退却，梦终究还是梦。

只有那些怀着高远梦想并全力圆梦的人，才会创造幸福的奇迹。

更多的时候，我们只会抱怨岁月带走了我们最宝贵的东西，我们抱怨上天对我们有多么的不公平，我们抱怨得没完没了，但其实，我们最该抱怨的是自己。

环境如何并不能成为消极被动的借口。

一个人一旦养成了消极的习惯，那么处于顺境便盲目满足、放弃努力，遇到成功便自我满足、停滞不前；处于逆境便轻易退缩、灰头土脸，遇到困难便轻言放弃、怨天尤人，这就是消极的种子最容易破土发芽的环境。

“二战”时期，在纳粹集中营里，一个犹太女孩写过这样一首诗：

这些天我一定要节省，虽然我没有钱可节省；
我一定要节省健康和力量，足够支持我很长时间；
我一定要节省我的神经、我的思想、我的心灵和我精神的火；
我一定要节省流下的泪水，
我需要它们安慰我；
我一定要节省忍耐，在这些风暴肆虐的日子，
在我的生命里我多么需要温暖的情感和一颗善良的心。
这些东西我都缺少，
这些我一定要节省。
这一切，上帝的礼物，我希望保存。
我将多么悲伤，
倘若我很快就失去了它们。

在恶劣的环境下，小女孩一直用稚嫩的文字给自己弱小的灵魂

取暖，用坚忍的希望照亮黑暗的角落。很多人在绝望中死去，而这个小女孩终于等到了“二战”结束，看到了新生的曙光，迎来了新的生活。

决定我们命运的不是环境，而是心态。

无论身处什么样的环境，一旦养成了消极被动的工作态度和习惯，人就很容易不思进取、目光狭隘，慢慢地丧失活力与创造力，忘记了自己当初信誓旦旦的人生信条与职业规划，最终走向好逸恶劳、一事无成的深渊。

环境怎样是好，怎样是坏?

标准并不在环境本身，而在于人如何自处：置身其间，不迷失自己，保持积极主动的精神，这样的环境再“坏”也是好环境；反之，再“好”的环境也是坏环境。

就好像对“蹉跎”二字的理解，有人认为是岁月蹉跎了自己，但也有人认为是岁月打造了自己，不一样的心态，便拥有了不一样的人生。

忐忑，人生的生离死别

生命中不断地有人离开或进入，于是，看见的，看不见了，记住的，遗忘了；

生命中不断地有得到和失落，于是，看不见的，看见了，遗忘的，记住了。

然而，看不见的，是不是就等于不存在？记住的，是不是永远不会消失？

我们总是体会不到相伴的美好，所以，我们也就错过了珍惜的美丽。

有这样一篇关于生命的文章：

一个炎热的上午10点整，蝉发表了他的第一篇作品。他讲到世事：炎热。

同一天上午11点，他还在鸣叫，并没有改变他的调子，而且扩大了他的主旋律。他讲到清晨：爱情。

在酷热的午后时分，当爱情与炎热带来的伤感动摇了他时，他心灵的交响乐进入了伟大的乐章，于是他说：死亡。

但是这事还没有结束。晚餐以后，他把炎热、爱情、死亡编织成最后一节，比其他各节更为精妙，而且没有那么嘈杂。他还掌握着最后一个英雄般的单音节词。

生命，他回忆着说：生命。

生命，即使如火焰、如昙花，只要学会珍惜，它便永存那一刹那的动人与璀璨。

是的，只要学会珍惜，它便永存那一刹那的动人与璀璨。

和父母在一起的时候，要对他们多些孝敬，而不是对他们的关心感到不耐烦。等他们离开这个世界的时候，你想听他们的唠叨，都听不到了。

有了朋友的时候，别总想着自己今后还会遇到更多的朋友，就对眼前这个满不在乎，要知道友谊是可以持续一生的。

遇到你真正的爱人时，要努力争取和他相伴一生的机会，因为当他离去时，一切都来不及了。

但是，话虽如此，我们却往往还是不自知。在生命正好的时候，不懂得珍惜，只等到无法挽留的时候，才留下几滴眼泪表示悔恨。

每每面对生离死别的时候，总是觉得之前相处的时候，没有及时珍惜，可既然如此，为何不在可以珍惜的时候，尽心呢？

按部就班 or 打破陈规

首先让我们来探讨一个问题：“面临一个机会，需要你作出抉择的时候，你是否宁肯永远后悔，也不愿意试一试自己是否能够一举成功呢？”

当然，此刻，恐怕是没有人敢说出自己内心真正的胆怯。“对，我就是不敢去打破现有的局面，不敢去闯荡陌生的环境。”

但实际上，我们总是在不该打退堂鼓时拼命打退堂鼓，为了恐惧失败而不敢轻易去尝试成功。

表面上，谁也不会堂而皇之地承认这个想法：“对，自己就是这样没有骨气的孬种。”

可骨子里，谁能没有对改变而产生的担忧？

生活总是一出现场直播，每个人都是自己直播剧的主角，只是有的人演得精彩，有的人演得无趣罢了。

你是想精彩出镜，还是愿意默默无名？

必然是前者。

美国华裔花样滑冰女将关颖珊（Michelle Kwan），在2000年世界花样滑冰比赛的时候，她一心想得第一名。

但比赛时，她的水平并未完全发挥出来，在最后一场比赛前，她的总积分仅仅排名第三位，想要得第一，难度太大了。

在最后的自选曲项目上，她并没有为了保住第三名而选择低风险的项目，她选择了突破，选择了高难度的曲目。

在4分钟的长曲中，她结合了最高难度的三周跳，并且还大胆地连跳了两次，她成功了。

她是幸运的，因为一旦她失败了，就会败得很难看，但是她毕竟成功了。她骄傲地说道：“因为我不想等到失败，才后悔自己还有潜力没发挥。”

多么激励人心的宣言！这就是成功者站在聚光灯下的感言。这样的一句励志语就足以激励万千青年，为了理想去赴汤蹈火。

是的，做人，何妨放手一搏。更何况“失败乃成功之母”。再接再厉，青春就是赌注，赌的就是未来。

话虽如此，可一想到改变已经习惯的生活轨迹，内心还是不住地打退堂鼓，因为谁也不知道改变之后的生活到底是好还是坏……

很多机会，就在我们纠结于改变还是不改变的时候，悄然地溜走了。等我们好不容易鼓足勇气，伸出手想要推开那扇曾经为我们而打开的大门时，却发现，不知道什么时候，这扇门早就锁上了。

按部就班地过现有的日子，还是狠狠心，打破格局，去尝试你心中向往已久的一种全新生活。

这是个问题。

犯了老毛病——“烂好人”症候群

人善被人欺，马善被人骑。

这是老话，也是道理。

茅盾曾经说过：“对于丑恶没有强烈的憎恨的人，也不会对美善有强烈的执著。”

社会中总有一些善良的“羔羊”，对一切生物都不抱警惕心理，即便对面是一头狼，他们也会乐呵呵地把手伸过去。

其实也可以理解，二十出头，年轻气盛，风华正茂，刚从单纯的校园踏入险恶的社会，一时之间还摸不清状况是情有可原的。

二十几岁这个年龄段的人，对任何人、任何事往往想做到面面俱到，取悦于每一个人、执著于每一件事，即使栽了跟头也无怨无悔。

所以，有些滑头的人就想利用这点，比如公司里，什么杂活都会交给刚进去的大学生做，而大学生也很乐意去做这些事情。

他们相信没有什么事情是没有意义的，只要做好就是有意义的。

但时间最后会教给他们，世间上，有些事情，真的就是没有意义的。

比如同事大姐会突然对他们说，今天不舒服，想请假，但是手里的工作还没有做完。看着大姐一脸难受的样子，他们拍着胸脯就把这个工作接了。

其实大姐没准是在街上溜达着买衣服呢。

还未经过世事锤炼的年轻人，对这个世界没有一丝一毫的敌意，让周围的人因为自己的存在而得益，这种想法是善良的，也是伟大的。

但是这种伟大的想法，最后会将他们带入无穷无尽的麻烦之中。

久而久之，办公室的人都会找他们帮忙，他们就好像陀螺一样忙得到处转，但其实所做的事情都是杂事。

他们就好像公司的便利贴一样，被大家用来用去，甚至连谢谢都不用说。

你认为这是在服务大家，其实你是在浪费自己的时间，时间久了，你会被贴上“烂好人”的标签，撕都撕不下来。

大家有事情都会找你帮忙，而你也不得不帮，因为你似乎都形成了惯性，管不住自己想帮忙的心了。

人际交往中要有所保留，初入社交圈中的人常犯的一个错误就是“好事一次做尽”，以为自己全心全意为对方做事一定会关系融洽、密切。事实上并非如此。

如果你一味地付出却得不到回报，那心理就会失衡。

如果你想取悦别人，而且想和别人维持长久的关系，那么不妨适当地给别人一个机会，让别人有所回报，这样就不至于因为内心的压力而疏远了双方的关系。

小测试：你会是个“烂好人”吗?

你要去玩儿恐怖城里的闯关游戏，里面有让人看过一次之后就会吐到不行的恐怖玩具，会让人十分抓狂，下面四种玩具，你觉得哪种玩具最让你恶心。

A．有着一对血红双眼的恐怖怪兽头

B．一脸水泡的鱼头怪

C．凸眼长舌的可恶怪

D．牙齿很恶心的怪物

选A：你非常受不了别人动不动就哭哭啼啼的模样，你觉得每一个人都要对自己的选择负责，实在没有什么好同情的。你绝不会成为多管闲事的烂好人。

选B：你就是心太软，情感丰富，无论爱心还是同情心都已经快到泛滥的地步，只要别人有难，你不管三七二十一都要全力帮忙，可以去参选好人好事的代表了！

选C：你对于自己同情心的分寸拿捏得很好，绝不愿意当“烂好人”。当有人真的需要你帮忙时，你会义不容辞地付出，但绝不会自作聪明地“好心办坏事”。

选 D：你平时说话很直接，有时伤到别人的心都不知道。但是了解你的人都知道，你就是嘴硬心软，明明热心助人，嘴里却死不承认。

那些消耗你时间的……

在所有资源中，时间不同于其他资源，它没有弹性，找不到代用品；它永远是短缺的，既不能停止，也不能保存，却很容易被别人偷走。

回想一下，在你的日常生活中，无聊的电子游戏，没完没了的QQ上聊天闲扯，看着电视广告打发时间，是不是都让你的时间溜了大半?

你总是想：再看一集电视剧，等看完大结局，就去做……

可是看了一集又一集，当你真的看到大结局的时候，已经到了要睡觉的时候了，那些滞留在手头的工作，只能搁置下去。

白白地浪费一天的时间，到了第二天，没准，你又会因为什么事情而耽搁了，这样一拖再拖，直到拖不下去的时候，你才开始挑灯夜战。

这个时候，你就要感慨了，早知道这样，当初就抓紧时间工作了。

时间可不会听你的解释，它们该怎么走还是怎么走，丝毫不会和你讨价还价。

周末，你计划好了要做的事情，这个时候，一个朋友来电，叫你逛街，你推脱了几句说有事。

朋友会劝你："反正时间还早，逛完街再做也不迟啊。"

你想想也是，于是就心安理得地逛街去了，可是当你回来的时候，却发现时间已经很晚了，那些计划好的事情，又要推迟了。

你的时间，就一点一点地消耗在了这些事情上面。

还有那些办事效率很低的送货员、说话啰啰唆唆的卖店老板、硬要拉着你吃饭聊天的同事等，这些人在无形中将你的时间"偷走"了，让你在规定时间内没能完成自己的计划，然后还得加班加点地赶工。

这样的生活是不是很累、很疲惫、很无奈？

想要保护好自己的时间，就要利用好时间巧妙地实现自己的生命价值。在这方面，美国金融大王摩根为我们作出了很好的榜样，为了珍惜时间，他甚至招致了许多怨恨。

摩根每天上午 9 点 30 分准时进入办公室，下午准点回家。有人对摩根的资本进行了计算后，说他每分钟的收入是 20 美元，但摩根说好像不止这些。所以，除了与生意上有特别关系的人商谈外，他与人谈话绝不超过 5 分钟。

摩根从不拐弯抹角，他喜欢单刀直入，因为这样可以节省时间。

也正是因为如此，摩根的成功才会是那么巨大的。

对于消耗你时间的人，不要怕得罪，毕竟你没有义务陪着他人空耗光阴。可是，这话说起来简单做起来难。

因为，我们的生活中，总有太多的小事会让我们耽搁很久，一次可有可无的约会，一次突如其来的谈话，或者是一场无关紧要的电影……

这些消耗我们时间的细微沙子，看起来虽然都是毫不起眼的，可是我们要记住，让我们没能够走到终点的，往往就是这些毫不起眼的小事情。

翻身还是做“房奴”

房奴是指城镇居民抵押贷款购房，在生命黄金时期中的 20 ～ 30 年，每年用占可支配收入的 40% ～ 50% 甚至更高的比例偿还贷款本息，从而造成居民家庭生活的长期压力，影响正常消费。购房影响到自己的教育支出、医药费支出和抚养老人等，使得家庭生活质量下降，甚至让人感到奴役般的压抑。

这是百度百科上的解释，仔细看来，有点让人心头冒寒气。

生命黄金时期中的20～30年，都用来为一套房子服务，也就是说人生有三分之一的时间，是用来还债的。

而这三分之一的时光还是人们最好的时光。有人说一套房子就消灭了一个中产，这话是有道理的。

因为中产黄金时期挣的钱，有大部分都用来供养房子了，等到房子供完了，自己也年老体衰，什么事情都做不了了。

有一个耐人寻味的故事，讲述的是一位女士结婚不久就离婚了，离婚的原因听起来却像天方夜谭。用她丈夫的话说就是：“你嫁给的是一套房子，而不是我这个人。”

原来这位女士和丈夫结婚时，两个人借钱贷款买了一套房子，结婚后，本以为能在新房子里过得很舒心的丈夫发现，自己的待遇远不如房子高。

下班回家，还没打开门，妻子就冲过来，让丈夫在门外换了拖鞋，才能走进家门，怕把外面的尘土带到崭新的地板上。

晚上吃饭的时候，要小心翼翼的，不能将菜撒到饭桌上。

洗澡的时候，要尽量不让水洒出浴缸。

睡觉的时候，不能……

起床的时候，不能……

总之，妻子为丈夫立下了无数的规矩，就是为了更好地保护这套房子。妻子的做法让丈夫最后实在忍无可忍了，只能选择离婚。

故事听起来有些荒诞，但也让人有些心酸。掏空所有买下了这套房子，当然想好好呵护，一套房子，就好像一个梦一样。

看看大街上、公车上、地铁上，那些脚步匆忙的人，他们之中，有多少是为了房子而日夜操劳的人呢?

看看新华网上是如何阐述做房奴、车奴的十大危害的。

增加生活压力。

年轻人买房大多要通过按揭，大多数年轻人为买房而承担的月供支出超过其个人收入的 50% 。这样，将大大增加其生活压力。

个人健康受到影响。

因其还贷压力太大，有很多人为了还贷不得不超负荷工作，甚至打两份以上的工。参加体育锻炼的时间将大大减少，甚至有人从不参加锻炼，这样，长期下来必将影响其身体健康。

降低生活品质。

因其还贷压力，势必减少旅游、艺术欣赏、个人爱好等方面的支出。有很多人为了还贷常年难以安排一次旅游活动，甚至连单位安排的活动也能推则推。演唱会、球赛等更是变成了一种奢望。这样，将大大降低其生活品质。

亲情关系受到影响。

因其还贷压力，对家人特别是老人的关怀势必减少。有很多人因周末还要兼职，故很难抽出时间来陪老人；也有的人在买房时借了亲友的钱，而因有还贷款的压力，往往会令还亲友的钱一再延迟。这样或多或少会影响到亲情关系。

社交活动受到影响。

很多年轻人买房前后可以说是判若两人：买房后社交活动能推则推、朋友小聚时埋单的次数少了、周末大多有工作要安排等。这样的例子在我们身边有很多。可以肯定地说，因有还贷压力，或多或少影响到年轻买房人的社交活动。

人脉积累受到影响。

俗话说“20世纪存股票、21世纪存人票”，也有人说“有钱买股票、没钱买人票”，还有人说“什么样的圈子决定什么样的人生”。不管说法如何，人脉对人的影响是非常大的。因还贷压力，导致社交活动减少，则将影响其人脉的积累。

投资行为受到抑制。

人生有很多机会，可在我们的生活中，有很多机会都从我们身边白白溜走，不是我们不愿去抓，而是我们没有能力去抓。有很多投资机会降临我们身边时，如果我们因买了房而导致手中无钱，这样的机会对于我们来说就不算是机会。

发展机会受到影响。

大多数年轻人都有自己的职业生涯规划，可一旦贷款买了房，其职业规划就必须要进行修正。我们看到很多年轻人因买了房而放弃了对自己人生来说是转折点的发展机会。比如在公司要整体搬迁到外地、外地有更为适合自己的发展机会等情况下，很多年轻人因买了房而放弃这样的机会。这在很大程度上影响了个人发展。

学习充电受到影响。

因还贷压力，很多年轻人放弃了学习充电的机会。因为学习充电都是要花费时间及金钱的。学习充电受到影响，则其个人成长也必将受到影响。

降低应对突发事件的能力。

因还贷压力，导致资金紧张，一旦发生意外、疾病等突发事件时，其应对能力将大大降低，有的甚至因难以应对而导致更为严重的后果。

拥有一所属于自己的房子的确是幸福的，可是为了这份幸福，让自己的人生开始处于局促与狼狈之中，到底值不值得呢？

逝去的热忱

什么是热忱？热忱源于古希腊文，是由“内”和“神”这两个希腊词根组成的。热忱就是一个人内心的“神”，他信仰某一事物，对它怀着极大的热爱和关注，想到它就会产生一种发自内心的激动、喜欢和兴奋。这种精神特质将会激励我们奋斗，成为前进道路上不竭的动力和坚持下去的毅力。

一个人的成功离不开热忱，就像泰尔戈所说的那样：“热情，这是鼓满船帆的风。风有时会把船帆吹断，但没有风，帆船就不能航行。”

要迈出走向成功的第一步，首先就是要激起我们的热忱。

住在俄亥俄州的史坦·诺瓦克先生下班回到家，最小的儿子蒂姆没有像往日那样调皮地过来和父亲玩玩闹闹，而是缠着在厨房做饭的妈妈大哭大闹。

一问才知道，原来明天就是小蒂姆第一天上幼儿园的日子，而他非常不愿意去。辛苦工作了一天的诺瓦克先生没有细想，一怒之下就把儿子骂了一顿。这一骂，不仅没有让儿子乖乖去上学，反而哭闹得更厉害了。

后来，诺瓦克先生冷静下来，计上心头。晚饭后，他和太太坐在客厅里讨论作为一个小孩子，有哪些有趣的事情是会吸引他去幼儿园的，比如画画、唱歌、和小朋友一起做游戏等。

于是，他和太太就在客厅里画起画来，一边画还一边开心地唱起了儿歌。这一欢快的场面先是吸引了大儿子鲍勃，紧接着，小蒂姆也被吸引了过来。

很快他就对这些事情产生了浓厚的兴趣，对爸爸所描绘的幼儿园生活向往不已。第二天，当诺瓦克先生下楼去上班时，发现蒂姆已经坐在桌边大口大口地吃着早餐，迫不及待地要去上学了。

责骂、威胁也许能让一个人做某件事，但一定是极不情愿的。但是一旦激起了这个人的热忱，那么他对这件事的热爱自然就会激励他心甘情愿地将这件事完成得又快又好。热忱不仅在一个人的成功中扮演着重要角色，在人类历史的进步上也发挥着举重若轻的作用。正如巴尔扎克所说：“热情是普遍的人性。没有了热情，便没有宗教、历史、浪漫和艺术。”热忱就像一盏灯，点亮了人类文明前进的道路。

一个人可以面对各种挫折和失败，可以暂时失去东山再起的经济基础和人力资源，但是只要他还没有失去一颗热忱的心，他就一定能够重新振作起来，找到生活的乐趣和成功的快感。失去什么，都不要失去热忱。

当你用热忱去工作时，还有什么工作能够难倒你呢？

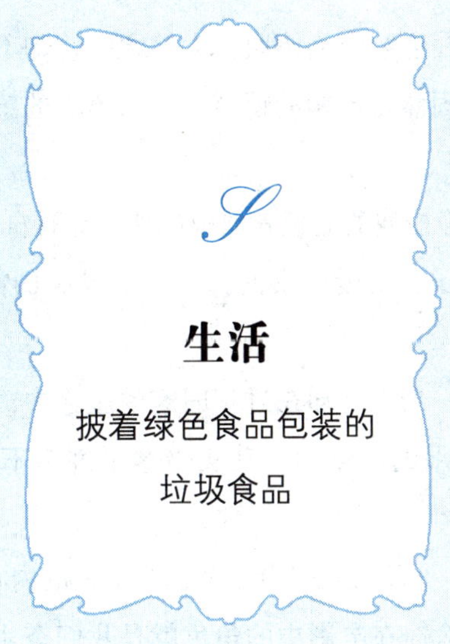
S
生活
披着绿色食品包装的
垃圾食品

囧途漫漫

一部《人在囧途》令人捧腹，大笑之余，却不禁陷入了深深的沉思之中。电影固然是虚构的情节，但所道出的感悟却是和当下人们息息相关的。

电影里，徐铮扮演的老板看似很成功，拥有自己的公司、房子、车子、贤惠的妻子、可爱的女儿，甚至连漂亮的情人都为他疯狂，深爱着他。

但就是这样一个人，却在过年回家的旅途中，忽然感悟到，自己这看似风光无限的前半生，其实暗藏了许多不为人知的潦倒和窘迫。

徐铮的感悟，是不是也贴合了我们当下人的内心呢？

很多时候，徐铮在电影中的角色就是我们奋斗的一个目标，从默默无闻到什么都拥有了，这似乎才是人生。

可是电影中的徐铮却并不觉得他幸福。

他的情人逼他过年回去和老婆离婚，他一年到头都在北京忙自己的公司，无法照顾自己的母亲，也无法陪伴可爱的女儿。

他的公司虽然很大，但他的员工都不喜欢他，他们认为他是万恶的周扒皮，他们给他起外号，背地里说他的坏话。

所以，电影里的徐铮，是一个表面上看似成功，看似风光，其实内心的道路，却是囧途漫漫。

我们也常常会为了获得成功，使用一些小手段，说一些小谎话，做一些小手脚……

一开始，我们以为这都不算什么，不过是一点点小计策而已。

可是时间久了，这些东西堆在我们心里，让我们渐渐感到自己的人生有些囧了，自己背地里做过的那些事情，会在某一个时刻，突然出现在我们的脑海里。

我们越成功，这些囧事就越多。

就好像电影里徐铮感慨的那样，原来我的人生是这么的狼狈不堪。

想一想，你、我的心里，是不是隐藏了许多事情？本以为可以

混一天算一天，可是到一个路口，却忽然发现，蒙混不过去了，有些事情，必须要解决了。

于是，我们无措了。

猜测 2012 后的生存希望

神秘的玛雅人在神秘消失之前，为我们留下了一个时空炸弹，那就是预言 2012 年，地球会发生重大改变。

玛雅人留下的水晶头骨示意人们：到 2012 年 12 月 21 日太阳下山之后，世界会发生翻天覆地的变化，到那时，只有非洲和中国西部地区部分人存活。

这预言看似不可思议，但是，2004 年突发的印度洋海啸，令 22 万人丧生；2005 年美国佛罗里达州的飓风，令将近 2 万人丧生；还有 2006 年 4 月，美国发生的龙卷风，席卷五大洲，损伤无数；2009 年，澳洲发生的特大森林大火，死亡近 200 人；2010 年世界各地惊现天坑……

这些灾害除外，还有许多人类无法解释的异常现象，鲸鱼集体自杀、蜜蜂神秘消失等都让人们开始反思，我们的地球是不是真的要完了。

于是，末日说开始流传，有人相信，有人不信，有人半信半疑。

大家都说，反正没几年活头了，我们干吗还这么拼命工作？不如好好享受生活，快乐地度过这两年算了。

还有人说，既然都要死了，就干脆挥霍人生吧，把之前没有享受到的人生统统弥补回来，安慰自己。

……

还有许多民众对于所谓的预言并不十分相信，但还是表示出些许的疑虑和恐惧。对于这种社会心理，科学家们深表担忧，并警告称这种热潮或将引发人类恐惧症和自杀潮。

其实，不论2012到底是真是假，我们起码还是应该保持一种对生活的敬畏心和平常心。

做人常怀一颗平常心，如果没有平常心，行走在人生中就会患得患失、自私自利，心灵难有真平静。

修平常心，是为了更好地进取，否则人生将在原点打转，永远看不到山顶的风景。会被山腰上偶尔滑落的石块吓到，不敢去攀爬到山顶。

平常心会让幸福成为一种沉淀心底的感觉，随时随地都可以漾起微波，在人的心底荡起层层涟漪。

所以，不用再去猜测2012年我们能不能活过，只要活好眼前的生活就够了。就如同那句话所言，我们要好好地活着，因为我们会死很久。

当好心变成驴肝肺

你走在路上，看到一位老太太拎着很重的箱子，艰难地前行。出于尊老，你赶紧过去，想要帮老太太拎箱子。

但是还没等你说一声“我来帮您吧”，老太太就会用警惕的眼神看着你，警告你别打歪主意，不然她就报警喊救命。

你真是要哭出来了，不过是想做一次好事，怎么需要劳驾警察出马呢?

……

你坐在公车上，看到有孕妇上车，你主动让座，孕妇好像理所当然似的坐下，一句谢谢都不说。

虽然你让座并不是为了得到感谢，但孕妇的态度还是会让你感到心口发堵。

……

你开着车在郊外，看到有人在徒步，你好心过去问一句:“上哪儿? 我捎你一段吧。”

那人却会用看怪物一样的眼神看着你，然后告诉你，不上车。

你知道他是害怕你是坏人，于是你还要补充一句:“放心吧，我不是坏人，车上就我一个人。”

可是那人却会说:“那你是黑车，我更不能上车了，我还是坐出租车的好。放心。”

你彻底被打败了。

……

到底是你的好心肠太过泛滥了，还是人们的警惕性和敏感度太高了。

你的好心一次次被当成驴肝肺，这个年头，真的是好人难当啊。

可是，也不能全怪他们，新闻不是常报道，有某某青年，看到路边老人摔倒，前去帮忙，结果却被老人反咬一口，说是被青年撞倒，向青年索要医药费。

还有公车上，明明看到孕妇和老人上车，但还是有人装作没看见，或者视而不见。

当我们自己的好心被当成驴肝肺的时候，不妨想一想，如果我们是那位老太太，那位徒步的旅人，我们是否就会心安理得地接受个陌生人的帮助，而丝毫不产生怀疑呢？

毒瘤如影随形

这里提到的毒品，不光是说吸食的海洛因之类的毒品，更是广泛地指那些会蚕食我们的情绪，让我们的生活变质的物品或者情绪。

情绪可以成为你干扰对手、打败对手的有效工具；反过来说，情绪也会成为对手攻击你的“暗器”，让你丧失理智，铸成大错。

电影《空中监狱》中有这样一段情节：

从海军陆战队受训完毕的卡麦伦来到妻子工作的小酒馆，正当两人沉浸在重逢的喜悦中时，几个小混混不合时宜地出现了，对他漂亮的妻子百般骚扰。卡麦伦在妻子的劝阻下，好不容易按下怒火，离开酒馆准备回家去。没想到在半路上又遇到那帮人，听着他们放肆的下流话语，卡麦伦再也无法忍受了，他不顾妻子的叫喊，愤怒地冲过去和他们搏斗起来。混乱中，一个小混混从衣兜里掏出一把锋利的匕首，卡麦伦不假思索地夺过匕首，一刀插入对方的胸膛……

那人当场死亡了，卡麦伦因为过失杀人，被判了十年有期徒刑。无论他有多么后悔，也只得挥泪告别刚刚怀孕的妻子，在狱中度过漫长的痛苦时光……

卡麦伦的悲剧难道不是他自己造成的吗？

他就是被自己的情绪毒品所害的。

如果他能够控制自己的情绪，不正面与歹徒冲突，又怎会酿成如此悲剧？

制裁歹徒其实不一定要靠拳头和武力，当时，如果卡麦伦能稍微理智一些，向警方求助，事情一定不会演变到这种地步。

除了冲动之外，影响我们的毒品还有很多，诸如颓废、不理智、暴躁等。

有的时候，你有没有觉得在工作到深夜的时候，有一种想要砸键盘的冲动？或者在早上上班的路上，被堵在半道，看着前后的公交车、私家车，听着杂乱的人声和喇叭声，你有没有想开口骂人的欲望？工作几年后，看到越涨越高的房价，你有没有想放弃的心思？晚上睡觉的时候，你有没有动过一些不好的心思……

这些看不见、摸不着的毒品随时潜伏在你的身边，趁你稍不注意就会去骚扰你，在你丧失理智的时候，它们就会乘虚而入了。

所以，你应该学着控制自己的情绪，不让这种情绪的毒品干扰到你。

累心地追逐遥不可及的幸福

在一份调查问卷——“世界上最美的 20 件事情，你做了几件”中，许多人表示，自己几乎从不去注意这样的小事情。

有位被调查者匆匆埋头走路，被忽然从一旁跳出来的调查员吓了一跳。听明缘由后，他带着略有些好笑的神情说：“最美的事情？等我有了 500 万元，我天天做这些事情，现在我哪儿有这功夫？”然后匆匆离开。

做这些事情并不需要金钱的支持，但当你有了金钱的时候，却未必会想起来做这些事情；这就好像，平日里，我们关注自己的身体健康大过心理的健康程度，而这看起来很微不足道的 20 件小事却足以让我们在心理上感到安慰……

荡秋千。

每天一个淡淡的吻。

睡觉的时候，太阳照在身上。

一个信任的眼神。

和恋人、家人或朋友结伴路上旅行。

拥有推心置腹的朋友可以哭诉自己最隐秘的问题。

碰到一个老朋友，然后发现有些东西无论好坏从来不会改变。

每天早晨起床感谢老天又赐予你美好的一天。

冬天里暖和的被窝。

沙滩。

听到收音机播放最喜欢的歌。

去看一场真正不赖的舞台剧。

陌生人接受自己的帮助。

与喜欢的人相拥在沙发上看一部精彩电影。

收到朋友的来信。

毫无理由地想要大笑一场。

热水澡。

甜美的好梦。

发现自己喜爱的东西打折出售。

拥有安全感。

这20件小事都是触手可做的，可我们想一想，是不是有时候，我们偏偏放着手边的这些小幸福不管，而一味地去追逐那些遥不可及、远在天边的虚幻幸福。有这么一对恋人，从20多岁起就开始为下辈子的生活操心。当他们的同龄人在幸福地经营爱情时，他们却一门心思地买房置地，积累钱财。等他们感到可以安心成家时，女的已40岁。这些年来她一直在访医求道，但也没能怀上孩子，两个人为了金钱，没能享受上最该享受的快乐。

当然，这不过是一个极端的例子罢了。但在生活中，像故事中的男女主人公一样，为了金钱，放弃生活的人并不在少数。

当他们抱着与日俱增的存款心怀安慰时，其实放掉的是用钱都买不到的幸福。现实生活中，没有钱寸步难行，然而为了钱放弃快乐也是不可行的，只有用钱来制造快乐时，钱才能发挥它的价值。

正如托尔斯泰所言："财富就像粪尿一样，堆积时会发出臭味，散布时可使土地变得肥沃。"

金钱并不是唯一能够满足心灵的东西，虽然它能为心灵的满足提供多种手段和工具，但在现实生活中，你却不能只顾享受金钱而不去享受生活。

对待金钱必须要拿得起、放得下，赚钱是为了活着，但活着绝不是为了赚钱。如果你一味地将金钱当做人生的唯一奋斗目标，那你就太可怜了，就好像小品《不差钱》里，小沈阳说的那样："人生最痛苦的事情就是人死了，钱没花完。"

但要说最最痛苦的事情，那就是人活着，攒着钱，却一点儿都不快乐。当人把目标锁定在获得大量金钱或者那些昂贵却很难属于自己的物品时，心灵的乐趣就会被一点点地抽空。内心充满了物质欲，便再也得不到充足自由的呼吸，那样，心就会因为负累太重而生病的。

披着绿色食品包装的垃圾食品

地沟油、三聚氰胺……

越来越多的食品背后的黑幕和化学名词出现在我们眼前。

油条为了更加诱人，添加化学剂。

火锅为了口味更好，添加化学剂。

奶粉为了销量更好，添加化学剂。

小饭店为了节省成本，使用本该倒掉的劣质油。

……

四处曝光的食品黑幕，让我们一时之间都不知道该选择吃什么好了，仿佛我们的世界周围，都是污染。

所以，我们只能在众多食品中，选择打着绿色健康招牌的食物，不管好吃不好吃，好歹能先吃个健康。

所以，在你的生活中，你经常会尽可能地选择一些绿色食品，为的就是在这个污染严重的时代里，为自己的健康谋一个保证。

可是，你可能还不知道吧，有一些标着营养、绿色的食品其实并没有什么营养，更提不到绿色了。

现在，就来认识一下这些披着绿色食品包装的垃圾食品吧。

绿茶饮料

绿茶的确是健康的，它包含抗氧化剂和其他有益健康的成分，可以预防癌症、心脏病、衰老和其他与老化相关的疾病。但是现在很多生产商加入糖和其他添加剂制成绿茶饮品，打着健康饮品的幌子到处兜售。这种饮品其实并不健康，不过是糖精、防腐剂和一些添加剂的融合。

加工酸奶

酸奶是由鲜牛奶发酵而成的，富含蛋白质、钙和维生素。尤其对那些因乳糖不耐受而无法享用牛奶的人来说，酸奶可以是个很好的选择。但现在有很多酸奶已经被制成了充满糖分的甜点。

而且在这种加工过的酸奶里，为了口感更好，许多商家还会添加一些其他成分进去，就更不利于健康了。

所以，购买的时候，最好购买普通的酸奶，而不用去专门购买那些昂贵的，添加了各种水果、谷物的酸奶。

麦片

麦片一向被人们看成是早餐的营养食物，它包含小麦、大麦、大米和燕麦等谷类，一直是人类最重视的绿色食品之一，其所含的蛋白质、膳食纤维和维生素是其他食物无法比拟的。

然而，麦片其实是一些用少量的谷类与大量的淀粉、白砂糖、玉米糖浆、盐、食用色素和防腐剂结合生产出来的五颜六色的早餐谷物。为了提高利润，这些麦片里的谷物并不如包装上说的那么多，那么自然。

……

这些看似绿色的食物，早已在利欲熏心的商家手里，变成了垃圾食品。想一想，我们每天以为自己吃得很健康，可实际上，却一直是在吃一些毫不健康而且还很不便宜的食物，心里该有多堵？

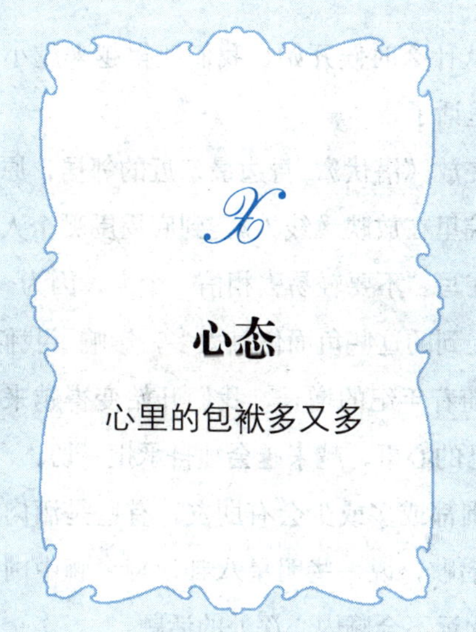

X

心态

心里的包袱多又多

有些话，告诉谁也不放心

不知道是从什么时候开始，我们变得越来越小心，变得越来越不爱跟人说心里话了。

电视上总在放《潜伏》，身边最亲近的邻居，原来是日日算计自己的人；电影院里在放映《线人》，到底周围哪个人才是真的值得信赖；书里总是在写“不要轻易去相信一个人，因为……”

或许是接受到的这些负面信息太多，影响了我们对信任的判断。

也或者是随着年纪的增长，我们开始变得越来越世故，变得越来越会隐藏自己的心事，越来越会独自承担一切。

每个人周围都或多或少会有朋友，有些是酒肉朋友，大家在一起喝喝酒，唱唱歌，说一些明星八卦，聊一聊中国足球何时能够世界杯夺冠。但永远不会聊内心深处的话题。

也有些是真心相处的朋友，多少能够说一些知心话，但是有朝一日，你忽然发现，你对这个人讲的秘密，忽然从另外一个人的口中说出。那种滋味，犹如背叛。

虽然你不会翻脸，依然照旧，但却紧紧关闭了心里的大门。

每个人都渴望拥有一个无话不谈的好朋友，或许我们曾经有过这样的朋友，但他们也许离开了我们，也许变得渐渐疏远了。

总之，我们会有越来越多的话，不知道该向谁去说，不是不能说，而是说了不放心，总觉得他们不如自己值得信赖。

尤其现在，各种“门”事件频频发生，有些是故意炒作，有些是被曾经最亲密的人泄露的。当日的亲密在暴露秘密的那一刻，都化为了乌有。

看过了太多的这些，我们叹息一声。

告诫自己，算了。在你无法识破生活的真面目时，你还是别自诩成熟。不要对生活期望太高，因为没有最好的生活，但有最坏的生活。

于是，我们三缄其口，将自己的秘密留给自己，不再与人分享。

虽然，我们是那么渴望，有一个人，能够和自己分享，不论喜悦还是窘迫的人生经历。但是，谁能值得我们这样做?

缺乏信任度，是当下的一个很大问题，不知道是人心变了，还是时代变了。

心里的包袱多又多

人生是一场征途，每个人都想一战到底。

在这场漫长的征程中，许多人赢得了战利品，于是他们将战利品带在身上，继续前行，前行的路程越长，战利品就越多。

直到有一天，他们惊愕地发现，自己举步维艰，因为背负了太多的东西，压得自己实在是无法前行了。

这时，他们就需要作出一个选择了，是丢掉一部分东西，继续前行，还是背着这些东西，乌龟爬行，或者干脆停留在原地，守着这堆东西，就此结束征途。

许多人选择了留在原地，因为他们舍不得。

舍得，不想舍，自然无法得。

所以，本该继续的征途就戛然而止了，这也就是为什么有些人的征途很长，而有些人的征途很短。

一个苦者对和尚说：“我放不下一些事，放不下一些人。”和尚说：“没有什么东西是放不下的。”他说：“可我就偏偏放不下。”和尚让他拿着一个茶杯，然后往里面倒热水，一直倒到水溢出来。苦者被烫得马上松开了手。和尚说：“这个世界上没有什么事是放不下的，痛了，你自然就会放下。”

和尚是智慧的，放下手里的，才能拿起另一样。一个人的心力有限，不可能背负太多。适时放弃，是一种对世的胸怀气度，也是一种以退为进的生存智慧。

只是可惜，不是所有人，都拥有这样的智慧。

第二次世界大战的爆发，让全人类遭受了前所未有的血雨腥风，也让所有人都意识到了世界和平的重要性。于是，联合国应运而生，它的总部设在美国纽约曼哈顿东河沿岸。它的成立还有一段津津乐道的故事呢。

当时大战刚过，以英美为首的战胜国虽然取得了反法西斯战争的最终胜利，但是也因此耗费了巨大的人力财力，而纽约是一个寸土寸金的地方，谁也没有能力拿出那么多钱来购买地皮，建造这样一座意义重大的建筑。

正在他们一筹莫展之际，富可敌国的美国洛克菲勒家族财团慷慨地无条件地拿出整整870万美元，在曼哈顿区买下了一块地皮，无偿赠送给联合国。与此同时，洛克菲勒家族还附带买下了与这块地皮相连的大面积土地。

对于战后正处于经济低迷期的美国和世界来说，870万美元无疑是笔庞大的数目。因此，许多财团和房地产商都对洛克菲勒家族冷嘲热讽，说这是无比愚蠢的行为，照这样经营下去，声名显赫的洛克菲勒家族财团将会变成著名的贫民财团。可是令所有人都目瞪口呆的是，联合国大楼刚刚竣工，毗邻地皮的身价就成倍上涨。洛克菲勒家族赚到的钱远远超过了捐款，成为财富史上的又一传奇。

什么都不想失去，可能什么都得不到。

就像《渔夫和金鱼的故事》，贪心不足的老太婆从最初的一无所有，到拥有木盆、房子，再到后来要求金鱼把她变成贵妇、女皇和至高无上的海上霸主。她的贪得无厌终于让金鱼愤怒，它不再满足她的任何愿望，并且把她打回原形，依然是那个一无所有的贫穷老妇。欲望是无止境的，只有懂得满足的人才有可能活得幸福，正所谓知足者常乐。

勇于放弃，这需要广阔的胸襟，开阔的眼界，也需要智慧的头脑。有时是为了获得长远的更巨大的利益，有时就仅仅只是为了在前进的道路上走得更轻松。

生活其实不用背负那么多，放下了，人生的征途自然就越走越轻松。

只不过放弃已经到手的，哪有那么容易，如果容易，这世上也就不会出现那么多纠结不止的人了。

要安逸 or 要成长

路漫漫其修远兮，吾将上下而求索。

生活待人不分薄厚，当你觉得无法生活下去的时候，那是你的生存方式不对，而无关这个社会丝毫。

不要总埋怨生活把你套住，其实是你自己被自己套住。

当你选择了安逸的生活时，你的成长就会慢一些。世间的事情总是如此，不要妄想什么都能抓到自己手里。

所以，安逸与成长，可以列为反义词。

这两种截然相反的人生状态，让许多年轻人犯了难。

大学毕业，有的人毅然前往自己向往的城市，一穷二白地开始打工创业的奋斗生涯。而有些人则是甘心回到家乡，去父母早已联系好的单位上班，每天朝九晚五，生活规律，结婚生子，倒也是不错的选择。

这两种人对自己的人生目标都很明确，自然也没什么可说的。

还有一种人，就是夹在前两种人中间的那种，他们既想去大城市发展，去闯荡，又害怕吃苦受罪，留恋家乡的舒适生活方式。于是两头为难，不知道该如何取舍，就好像故事中那只可怜的老鹰一样。

一个农民在山里打柴时，捡到一只样子怪怪的鸟。那只怪鸟和刚满月的小鸡一样大小，还不会飞，农民就把这只怪鸟带回家给小女儿玩耍。

调皮的小女儿玩够了，便将怪鸟放在小鸡群里充当小鸡，让母鸡养育着。怪鸟长大后，人们发现它竟是一只鹰，他们担心鹰再长大一些会吃鸡。

然而，那只鹰和鸡相处得很和睦，只是当鹰出于本能飞上天空再向地面俯冲时，鸡群会产生恐慌和骚乱。

渐渐地，人们越来越不满，如果哪家丢了鸡，便会首先怀疑那只鹰——要知道鹰终归是鹰，生来是要吃鸡的。大家一致强烈要求：要么杀了那只鹰，要么将它放生，让它永远也别回来。

因为和鹰有了感情，这一家人决定将鹰放生。谁知，他们把鹰带到很远的地方放生，过不了几天那只鹰又飞回来了；他们驱赶它不让它进家门；他们甚至将它打得遍体鳞伤……都无法成功。

后来村里的一位老人说："把鹰交给我吧，我会让它永远不再回来。"老人将鹰带到附近一个最陡峭的悬崖绝壁旁，然后将鹰狠狠向悬崖下的深涧扔去。那只鹰开始如石头般向下坠去，然而快要到涧底时它终于展开双翅托住了身体，开始缓缓滑翔，最后轻轻拍了拍翅膀，就飞向蔚蓝的天空。它越飞越自由舒展，越飞越高，越飞越远，渐渐变成了一个小黑点，飞出了人们的视野，再也没有回来。

给自己一片没有退路的悬崖，从某种意义上说，是给自己一个向生命高地冲锋的机会。

只是可悲的是，许多人渴望着一片天空，却不敢纵身跃下悬崖。

这是当下许多年轻人面临的囧境，空怀一腔壮志，却没有施展的空间，几番找工作下来，碰了一鼻子灰，于是乖乖地回老家了。可是还始终不甘心，总觉得生命就这样平淡无奇地度过，是浪费。于是整日郁郁寡欢，好像天下人都欠他的。最终，成为了母鸡群里一只不会飞的老鹰。

选择权握在自己手里，别人无法替你拿主意。

围观的不是哥，是寂寞

一个眼神迷惘而犀利的男子，2010年的时候在网络上迅速走红。某论坛的灌水网友发了一篇名为《秒杀宇内究极华丽第一极品路人帅哥！》的帖子，帖子里犀利哥一头长发，看似杂乱但很有型，一身混搭看似毫无章法，却一点儿也不碍眼。

尤其是此男子的眼神，让众多网友为之惊叹。大家纷纷感慨：

此哥只应天上有，人间哪得几回见。

“欧美粗线条搭配中有着日范儿的细腻，绝对日本混搭风格，绝对不输藤原浩之流。发型是日本最流行的牛郎发型。外着中古店淘来的二手衣服搭配 LV 最新款的纸袋，绝对熟谙混搭之道……”

犀利哥瞬时化身成为时尚界的民间教父，引无数人争相效仿。

于是，犀利哥一夜走红。但是被持续处于公众焦点的“犀利哥”经好事者的一番调查之后发现，犀利哥其实并不犀利，34 岁的他与远道而来的母亲和弟弟在宁波精神病院相认团聚，在外流浪了 10 年的他，在众人的帮助下，才走上了回家的道路。

但在家乡等待他的并不是良田美景，而是残酷的现实：他的妻子和岳父母因为一起车祸丧生，他的两个孩子还在老家无依无靠。

喧嚣吵闹了许久的犀利哥热潮，最终以这样的现实落下帷幕。让围观的人群唏嘘不已，原来，再犀利，也犀利不过生活。

这名被人封之为“极品乞丐”“乞丐王子”等称号的男人，虽然回到了家乡，但是人们似乎不满意让事情就这样草草结束。在日本、新加坡、美国、英国等国及我国港澳台地区的媒体也相继跟进报道犀利哥潮流，犀利哥在不知不觉中便走出了国门，走向了海外。

在这个网络泛娱乐化和网络犬儒主义盛行的今天，一个简单的流浪汉，就这样莫名其妙地被推上了舆论的风口浪尖。

有媒体甚至写出了以《“犀利哥”：我们时代的精神自由符号》为题的报道，发表评论：“‘犀利哥’其实正是无名的大众为自己创造的代言人。当人们无法直接讲述时代与人性的困境时，只有通过这种貌似荒诞的行为，来表达自己的心声。可以说，网络中这些看似低俗的事件，构成了我们这个时代的精神自由，也自然流淌成我们智慧的源泉。'犀利哥'的那份自由宁静，正是人们精神世界状态中的共鸣。现在对'犀利哥'的'追捧'已经变成了思考和探讨……"

在一个流浪汉身上，人们内心悲悯的情怀被激发出来，奔涌不息。在人们心里，犀利哥已经不再是那个街头风餐露宿、衣衫褴褛、神情木讷的人了，而是变身成为一个国际超级大牌。他不屑与人为伍、他自由自在的生活方式、他不注重外表修饰等都成为了人们热捧的因素。

可是，有谁想过，人们围观犀利哥的那种兴奋劲，与鲁迅笔下的那些看客多么的相似，他们不是在围观犀利哥，而是在围观自己的无聊和寂寞。

逃避过错，当一只鸵鸟

犯错是人人都会遇到的。

当面对自己的过错时，人们的第一反应总是："糟糕，这真是糟糕透了。""我干了一件坏事，怎么办？被别人知道可怎么办？"

这是每个人的本能想法，比如当你无意中打碎了一只碗，为了不让别人说你做事不小心，你就会抱怨"地太滑了""磨石子路太硬，不方便走路”或者“碗太不结实了”之类的措辞。

这些人自作聪明地认为如此借口似乎能够堵住他人的责备，殊不知这只会让自己变得更加可笑。

过错是用来让你反省的，而不是用来逃避的。

过错就好像人生画布上的一个小污点，你越是逃避，它反而越是醒目，可是如果你诚心改过，那污点则会成为画布上的一处风景，看起来也就不会那么扎眼了。

我们避免不了犯错，但我们可以选择不当一只逃避的鸵鸟，一有错误就把自己的头埋进沙子里，装不知道。

谁都有这样的经历，小时候因为调皮，砸碎了邻居家的一块玻璃，周围的孩子一哄而散，你傻傻地站在原地。

邻居气急败坏地出来，问：“谁干的，谁干的？”

你下意识地摇摇头，显得很无辜。

邻居摸摸你的头：“要是孩子们都像你这么乖就好了，我家玻璃也不会经常被砸碎了。”

长大后，你再次见到那位和蔼的邻居，是否还想得起当初自己犯下的那个错误？

如果还记得，你是否还有勇气向邻居坦白？

我们总是这样，当自己犯下的错误被轻易地遮盖过去的时候，我们就不会再去想揭开它，那是一件让自己多么难为情的事情啊。

但是，这个错误却会一直停留在我们的心里，陪我们度过一生。

琳琅的誓言，浮云一朵

“我发誓，我要好好学习，考上一个好学校。”

“我发誓，我要认真工作，争取明年达到年薪10万元。”

“我发誓……”

现在的人动不动就把“发誓”挂在嘴边。两个人谈恋爱，女孩子娇羞地问：“你到底爱不爱我啊？”

男孩子顿时举手表决：“我发誓，我要是不爱你，天打五雷轰。”

可是往往，誓言越坚决，破碎得也就越快。

你看那些散掉的情侣，离掉的夫妻，当初都是拿誓言当水喝的，天天发誓，一遇到被质疑的时刻，就发誓。

结果，往往誓言过后，自己也就忘掉了，根本做不到。

我们有时候也会这样，为了让别人相信自己，或者想要争取一项任务，就着急忙慌地举手发誓，做出一副忠心不二的样子来。

但是没想到誓言往往是自己做不到的。

所以，现在人们也渐渐不再相信誓言了，再琳琅的誓言，也不过是空话一句，远不如白纸黑字来得真实。

所以，公司谈生意，合同说了算，而不再是一句口头协议就能做主的了。

朋友之间借钱，打一张借条，再也不空口说白话了。

结婚的人，要有结婚证，不然誓言是虚无缥缈的，到时候某一方翻脸，上帝也不会跳出来作证。

离婚的人，更需要离婚证，这样将来遇上，拿出证明，告诉对方，我们早就没什么瓜葛了。

各种各样的证书、字据代替了誓言，不是人们不再相信誓言，而是人们害怕誓言的不真实，抓不住，握不着。

一切都是浮云。

请问，你自信吗

当你是个学生的时候，班级选举班干部，你看着那些平时还不如你的学生上台演讲竞争，你也想要走上去。但是无论你内心多么地渴望，可是你的双腿就像被定在了地上，动弹不得。

当你面试求职的时候，看到其他应聘者拿着厚厚的简历在一旁侃侃而谈自己的经验，你也很想加入，但是却感到无话可说。

当你参加工作后，每次开会你都想将自己的想法提出，但是却总是没有机会开口吗？

当你面临到这种或者那种机会、选择时，你是不是始终不敢把自己亮出来，不敢大声地说一句“让我试试”？

这些都是缺乏自信的表现。

下面这些是缺乏自信的一般表现，看看你占几条：

1. 不自信的人为了得到别人的接纳往往要违心做一些自己并不愿做的事，比方说，从众吸烟、喝酒，其实他的本意或许并不乐意，但怕被大家嘲笑，所以就随众了。

2. 不自信的人为了表明自己的存在，往往会挖空心思标新立异，表现得个性张扬、行为乖张。

3. 不自信的人情绪波动是很大的，他们很容易发火，也很容易开心。他们会在乎一些别人看起来无关紧要的事情，因为在他们看来那是一件大事。

4. 不自信的人大多寡言，他们不是不愿意开口，而是不敢开口。他们的沉默让他们更加不自信，而不自信也让他们更加沉默。

5. 不自信的人往往是个犹豫不决的人，他们希望得到肯定，所以就会为作一个决定下好半天的决心。

芮成钢在他的书《30 而励》中认为自信源于对共性和差异的坦然对待，许多人正是因为不够坦然，所以他们才显得那么的不自信。

其实，我们都是平等的人，都有追求幸福的权利。正如芮成钢所写的那样：“一个人如果能够勇敢地面对现实，执著于自己的追求并为之不懈努力，就是一个强者，就是一个成功者。在人格上全世界的人都是平等的，真正的自信应该来自于深植于心的这种信念。强调自己的追求和付出的努力，能够认识到在人这个本质层面上，大家都是一样的，这才说得上是真正的自信。”

他认为北京宏志班的那些贫困孩子们快乐积极的生活态度是所有人应当有的。他认为既然差异是客观存在的，那么我们就应该坦然面对。

或许这个观点是没错的，可是当我们辛辛苦苦考上大学，却发现大学里人才济济，而自己不过是一个只会读书的书呆子时，我们的自信从哪里来呢？

当我们在招聘会上，争得头破血流地好不容易找到一份工资微薄的工作时，却发现大学里那个根本不学习的阔少爷，早就开着名车，办起了自己的公司，我们的自信从哪里来呢？

当男人们为了结婚，愁房子、愁车子的时候，却看到别人早就买着大三居，开始置办家具了。这个时候，自信更是消失得无影无踪了。

男人没钱的时候，恨女人俗气得只认识钱，但男人有钱以后，又恨不得所有的女人都俗气起来。

这就是不自信的表现。

这种表现有可能是伴随人的一生的。

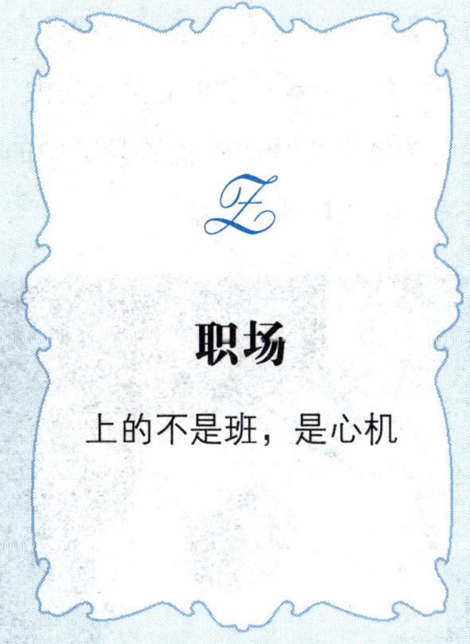

Z

职场

上的不是班，是心机

我是人才我怕谁

个人与社会的矛盾和对峙自有社会那天起便存在，一个人如果以对抗的姿态出现于社会中，等待他的必然是失败。

无论多么强大的个体都无法改变他置身其中的社会，年轻人所要做的便是学会成长，学会与社会和解。

许多年轻人不懂得妥协，他们拿出一副高姿态来对待社会，想要凌驾于社会之上，他们的理论就是："我是人才我怕谁，此处不留爷，自有留爷处。"

他们坚信天涯何处无落脚之地，何必在一棵歪脖树上吊死。

他们这份洒脱和胆识是值得人欣赏的，但他们这种公然的对抗姿态却是不值得提倡的。

在学校里，怎么飞扬跋扈都可以，毕竟，学校还是一个乐园，伤害没有太多。

但社会上就不一样了，学校生活和社会生活相通，但又不同。社会更多是一个利益交换的场所，是一个市场，是"平民政治"。评价的主要不是你的智力优越与否（尽管你的聪明和智慧仍然可以帮助你），而是你能否拿出什么别人想要的东西。这个标准不再由中心——教师确定，而是分散——由众多消费者确定。

因此，我们千万不要把自己十几年来习惯了的校园标准原封不动地带进社会，否则你就会成为一个与社会、与市场格格不入的人。

"尽管社会和市场的手是看不见的，但它讲的却都是看得见摸得着的；它不讲期货，讲也都是将之转为现货。人可以批评它短视，但它通常还是不会，而且没有义务，等待你成长和成熟。它把每个进入社会的人都当做平等的，不考虑你刚毕业，没有经验。如果你失去了一次机会，你就失去了；不会是像在学校里那样，会让你补考，或者到老师那里求个情，改个分数。"

在社会里是不卖回程票的，就算你本事再大，你也只能扮演某个角色。如果你扮演不好的话，可就要有好果子吃喽。

开吃自己的老本

许多人在学校的时候，成绩很好。毕业的时候也很顺利就被一家不错的公司签走了，按说事业发展也算不错，可他们却偏偏落在了别人的后面。

原因很简单，那就是停止了学习的脚步。

这些人通常有着不错的头脑，不然他们也不会一开始起点就比别人高。但这些人还有个共同的毛病就是不求进步。

毛主席说:“虚心使人进步，骄傲使人落后。”

其实，他们也未必就是因为骄傲才止步不前的。对这些人来说，对日子并没有太高的期盼，只要能够生活，安乐就行了。

所以，他们就靠着自己以前积攒的那些老本生活，他们觉得这样就挺好。

但殊不知，这其实是一种内耗。人的大脑就是一个容器，如果你往里不停地塞东西，它可能会有些承受不了。但如果你就那么空放着，里面原有的东西也会渐渐地挥发掉，这样时间久了，你的大脑就空掉了。

依赖于过去的积累，这是一种懒惰，或者可以说是一种养老的活法，就好像老人用养老金一样，依赖着年轻时候积累的积蓄和保险度日。

但如果年轻人选择这样的生活方式，恐怕还等不到老去，就已经两手空空，一无所有了吧。

其实，从心理学角度看，依赖心理是一种习以为常的生活选择。当你选择依赖时，就会失去独立的人格，变得脆弱、无主见，成为被别人主宰的可怜虫。

但是，依赖心理并非是一种顽症，是可以逐步克服的。

树立独立的人格，培养自主的行为习惯，一切自己动手，自然就与依赖无缘了。对于已经养成依赖心理的人来说，就要用坚强的意志来约束自己，逼着自己往前看，接受新事物，不断进步。

树立人生的使命感和责任感。一些没有使命感和责任感的人，生活懒散，消极被动，常常跌入依赖的泥坑。而具有使命感和责任感的人，都有一种实现抱负的雄心壮志。他们是不会陷入依赖的泥沼的。

邪门的工资待遇

古语有云："读万卷书，行万里路。"

古人认为读书和旅游是人生中的两件大事，能够增长知识，拓宽见识。所以他们总说开卷有益，的确，读书有着它的重要性，但重要到什么程度，在当今这个社会就要另当别论了。

20年前，大学生毕业就是金饽饽，各个单位都争抢着要，只要读16年的书，就能够找一份不错的工作了。

10年前，研究生毕业好找工作，公司贴出的招聘启事也标注研究生可以优先考虑，于是读19年的书，也能够为自己的后半生奠定基础了。

5年前，博士生毕业好找工作，学识渊博、知识量丰富的博士逐渐取代了硕士研究生的地位，成为了职场界的新贵。于是，读22年书，成了许多人的目标。

而今，就算你是博士后，也依然要为找工作碰壁。

如今再说起开卷有益，那无疑就是一句反讽的话语了，因为"纸上得来终觉浅"，书本知识是永远不能跟智慧画等号的。

现在人们需要的更多的是处世的智慧，还有办事的效率和能力，这些是在书本上根本得不到的。

"开卷有益"是为了突出读书的重要性而提出的，但是，这句话经常给年轻人一些误导，让人们误以为只要读书，必定会受益。

事实上，这句话远没有那么多的益处。书本和大学里的文化教育确实可以使人提高，但这种文化常常是理论意义上的文化，它的获得常常是以牺牲人的活力和个人性格为代价的。仅仅相信书本上的知识，会使人实际的技能得不到发展，最终人际沟通的潜能也会被扼杀掉的。

所以，一些只会死读书的大学生走出校门，踏入社会后，便发现自己很是缺乏生存经验，他们在无人引导，甚至还有陷阱的社会里，简直不知道该怎么办才好。

一个只知道啃书本却不懂得实际操作的学生，和一个虽然没有机会上大学却在残酷的生存竞争中磨炼过的人相比，前者显然是要打败仗的。

所以，当用人单位需要选人的时候，即便那个人没有上过大学，学历不高，但能力出众，也是能够被选上的。

离职，不过是一道程序

这是个人心浮动的年代。

这是个今天还是朋友，明天就再也见不到人的年代。

这是个说走就走、说散就散的年代。

昨天刚找到工作，今天就要辞职走人，问其理由，很简单："不乐意干了。"

是的，现在机会多了，招聘启事天天都有，智联招聘各大招聘网站每天都在更新，只要点点鼠标就可以投递简历，把自己给推销出去。

所以，现在很多人不再惧怕失去工作了，在他们看来，这么多的机会，难道害怕自己会饿死不成？

于是，你就可以发现，公司每天都会有几张新面孔出现，也有几张老面孔消失。总之，公司里总有那么几个人是你叫不上名字来的，而你刚和一个人混熟，第二天他就告诉你，他要辞职了。

现在没有了铁饭碗之说，大家都是奔着好饭碗走的，哪家公司给的薪水高、待遇好，就去哪儿。

反正有劳动合同保护，想要离职，只要提前一个月上交报告就可以了。而且劳动合同偏重于保护劳动者的利益，再加上一般公司领导不愿意和一个员工扯上离职这种纠纷，所以，也是尽快办理。

这样一来，离职变得很简单了，不过是一道程序而已。

但是，在离职的时候，你有没有想过，你离开的不仅仅是一份工作，还有你之前投注到这份工作上的所有精力和热情。

频繁的离职就好像是把你的职业生涯切割成了一段一段的路程，等你过几年回头一看，自己的职业生涯沟沟壑壑，一点儿也不平坦。

这会为你以后的事业发展带来阻碍。

新的公司一看你的简历，每份工作都干不满几个月，这样的人留在公司，不是浮动人心吗？

所以，当你再想离职的时候，不妨想一想，这会为你今后的职业生涯带来什么后果，再作决定吧。

上的不是班，是心机

有个词叫做“办公室政治”，其主要涵盖了在办公室这个巴掌大的小天地里，你应该做什么，不应该做什么的全部内容。

上班应该是为公司创造收益的同时，也为自己创造收益。但不知道从什么时候起，上班渐渐演变成了一场并不单纯的看不见硝烟的战场。

每天都能够在职场的贴吧里看到有人抱怨在公司受到排挤，被

人欺负。有人附和，有人同情，有人感同身受，也有人冷嘲热讽。

但这些抱怨也仅仅是在网上，给网络另一端虚拟的陌生人看。等到关上显示屏，出现在职场中的时候，心底的那些不满都被压制了起来，换作的是满脸笑容，不论是对自己喜欢的人，还是不喜欢的人。

渐渐地，大家觉得自己每天早上出门上班之前，一定要在自己的心上多戳两个窟窿，这样才好让自己在上班的时候，多长几个心眼。

大家将自己的上班心得总结出来，就是想提醒后人，警醒前人。

在任何地方，碰到同事、熟人都要主动打招呼，要诚恳。

找领导、同事汇报、联系工作，应事前预约，轻声敲门，热情打招呼。

上班时间，不要安排处理私事的时间，特殊情况须提前向领导请示。

工作需要之外，不要利用工作电脑聊天、打游戏、看新闻。

不可利用工作电话聊天。即使是工作需要通话，也应长话短说，礼貌用语。

在办公室说话做事，都不应发出太大的声音，以不影响他人工作为宜。

每天上班前都要准备好当天所需要的办公用品，不要把与工作无关的东西带进办公室。

下班后，桌面上、电脑里不要放置工作文件、资料。下班前，应加密、上锁、关闭电源等，下班不早退。

除必须随身携带的外，不要把工作文件、材料、资料、公司物品等带回宿舍或家里。

除了工作需要以外，与自己工作相关的技术、信息不能轻易告诉别人，哪怕是同事、领导。

与他人沟通、合作、交流、谈判时，须注意说话的语速和声调，不宜过快过大，更不能情绪失控造成不良后果。

……

有时候真的想不明白，这么多的忌讳和潜规则，到底是从哪里来的？我们怎么就不能坦荡一点去面对工作、面对生活呢？所以，我们时常会觉得还是自己当老板、自己创业的好，这样就能掌控全局，而不是在职场的棋盘上唯唯诺诺，提心吊胆了。

但创业却不是闹着玩的，它需要人力、资金等条件，因为胆怯，所以，不少人还是选择了留在职场继续斗着心机。

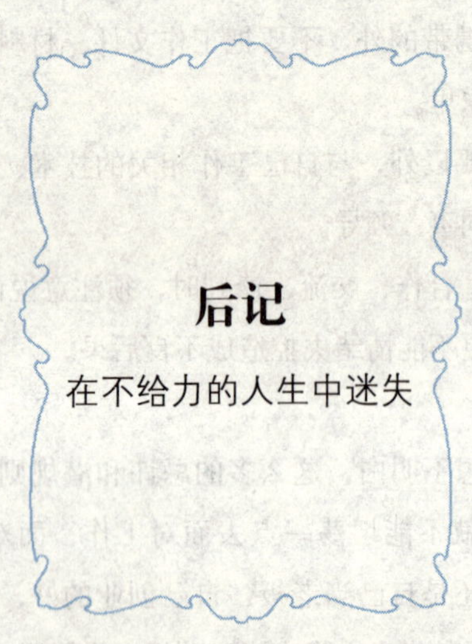

后记

在不给力的人生中迷失

是人生太不给力，还是我们的要求太不切实际？衣食住行只是我们的生活必需，要满足这些基本需求，为何带给我们越来越大的生活压力？

说到工作，不用老板发话，女的就已经把自己当男的使，男的也早就豁出去把自己当苦力使。平常加班是家常便饭，周末加班就当是对自己的周末奖励。辛辛苦苦赚俩钱儿，哪经得住物价不断上涨。先是“煤超疯”“豆你玩”，冷不防给咱老百姓一记“棉花掌”，明明知道就是“药你苦”，咱也只能说一句“蒜你狠”，然后乖乖地去做“海豚一族”（海量囤积一族）。就算吃个泡面，也能吃得活色生香。

提到住房，就像歌里唱的那样：“好好的人生，遇上了大时代。好好的青春，献给了房贷。好好的身体，快要炼成百毒不侵。好好的安居乐业，谁会想做愤青。”赚钱的速度永远赶不上房价猛涨。虽然明知养房苦，但还是想早日给房子卖身为奴。什么时候才能“安得广厦千万间，大庇天下寒士俱欢颜”？好在还能租得起房，至于跟着房价一起涨的租金，我们还是这样安慰自己吧：钱嘛，纸嘛，花嘛，高兴嘛。不要怪阿Q不争气，偶尔发挥一下阿Q精神，总好过气得自己上气儿不接下气。

出门在外，看到好好的大马路，变成了大片大片的停车场。除了淡定，我们还能做些神马？抬头数数天上的浮云，只能独自咀嚼心里的千百愁肠。走在大街上随便找个垃圾桶，却发现上面写着“Ge/Jie丢的不是垃圾，是寂寞”，不禁哑然失笑。其实，生活也不总是那么糟糕，至少有时候我们丢的真的只是垃圾，与寂寞无关。生活不给力，我们的心态总得给力。

从前大家都拼了命往大城市挤，现在却开始流行逃离“北上广”。迷失在生活的洪流中，有些搞不清楚自己的方向。唯一明确的就是，好不容易到这繁华红尘走一遭，真的不想让自己就做个打酱油的忽悠一趟。可是，理想很丰满，现实太骨感，“钱途”在哪里，爱人又在何方？这不给力的生活，无非就是你恶搞恶搞我，我再恶搞恶搞你，我们只能一边清醒，一边迷失。

现实就是如此，一如狄更斯在《双城记》里说的那样：“这是最好的时代，这是最坏的时代；这是智慧的年头，这是愚昧的年头；这是信仰的时期，这是怀疑的时期；这是光明的季节，这是黑暗的季节；这是希望的春天，这是失望的冬天；我们拥有一切，我们一无所有；我们全都在直奔天堂，我们全都在直奔相反的方向……说它好，是最高级的，说它不好，也是最高级的。”

现实的残酷，造就了我们生存的艺术……

赵文闻 聂小晴◎编著

新世界出版社
NEW WORLD PRESS

目录

Contents

“囧囧”有神的活法

“囧”是一种精神，也代表着一种态度。不期然，你是否意识到当下“囧”生活正在时尚的风口浪尖上飘摇，你OUT了吗？而一个人的“囧”世界，是心含五味杂陈的“囧”时光。载满自在悠闲，也饱含无奈落寞，但也代表着我们的曾经与过往，我们人生的浓缩。

人是问题的制造者，同时也是解决问题的思考者。如果说《有法》是一张很囧的人生问卷，那么现在你将要翻看的便是问卷上的正确答案。百余则如何解决囧境的方法，就像一篇承载着生命智慧的百宝书。

人生囧事十有八九，有些不易表露，有些干脆私藏在心，何不

带着穿越时空只为见你一眼的心态，放慢一下生活的速度，也许会发现我们曾忽略过很多生活中重要的细节。为什么对别人的欣赏总来得太慢，得到的理解又太晚？为什么总是要在无法弥补的尽头才后悔痛哭，无法挽回时又捶胸顿足追悔最初？为什么总是想戒掉一些习惯，始终无法提上日程？又是为什么我们看别人的生活总比自己的好？区别可能就在于很多“囧”事，包括郁闷、埋怨、焦虑背后所不为人知的生存意义。正如风华正茂时，始终无法参透生与死的距离，老人的告诫永远听不进去，虚度光阴，蹉跎岁月；中年后，变得现实，在毫无准备、周而复始的忙碌、奔波中衰老；直到年迈时，眼神和思维已变得缓慢，然后在终日的焦虑和无可奈何中等着长眠。又有谁愿意要这样的人生？

付之一笑“囧”境的尴尬，何不带着“信手拈来”“轻描淡写”的心态去理解生命之轻？也是为“囧囧”有神的生活找到出口。生命赋予了我们很多选择的权利，做好生活的减法，不要总停留在“焦虑”阶段，想做什么就行动吧，总有一些事是你一定会为之义无反顾的。选择创意的人生何尝不突显了你生活的品位与智慧？

《有法——打破“囧”境百宝书》，教你一些乐趣无限的生活妙招。你将会在这些唯美细腻的文字中品味生活的乐趣，为书中诙谐幽默的故事捧腹大笑。翻开此书，希望你真正能打破“囧”境，激发自身的潜能，寻找活着的意义，修炼我们的灵魂，摆脱羁绊，真实地面对生命奥秘的本身。

让不给力的生活从此见鬼去！及时享受充实人生！

作者

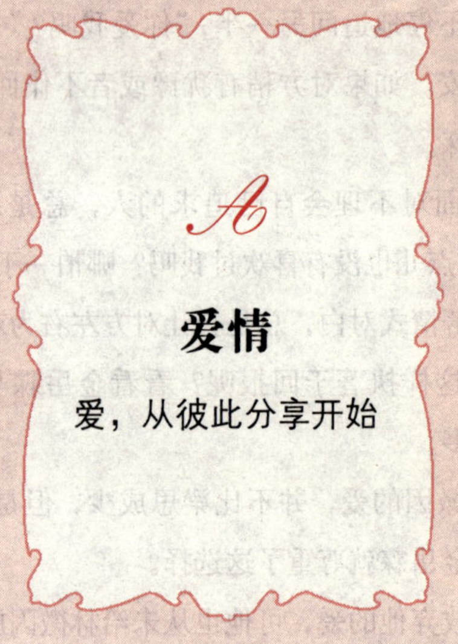

A

爱情

爱，从彼此分享开始

爱过就够了

很多人喜欢不停地追问另一半：“你爱我吗？”当他们得到肯定回答时，才会心安。如果对方稍有犹豫或者不作回应，他们就会坐卧不安，心乱如麻。

还有些人，面对不理会自己追求的人，总是忍不住苦苦相问：“难道你真的就一点儿也没有喜欢过我吗？哪怕一丁点儿。”

这琼瑶式的苦情式对白，总是会让对方左右为难。

其实，何必这样执著于回报呢？看看金岳霖与林徽因的故事，也许就会缓和很多。

金岳霖对林徽因的爱，并不比梁思成少，但是既然林徽因选择了梁思成，那么金岳霖就尊重了这选择。

虽然他并未放弃他的爱，可他也从未给林徽因施加过压力。

一辈子，他从来没有要求过她什么，也没有说过那些让林徽因难以自处的话，更没有做过任何破坏梁思成夫妻感情的事情。他只是默默地守着她，守着这朵心中的女人花。

虽然这样的爱没有结果，但是就像歌里唱到的那样“努力爱一个人，和幸福并无关联”。爱了就爱了，这份感情不需要答案。

在《康永，给未知恋人的爱情短信》一书中，蔡康永写道：“因为全心爱一个人，而感觉到自己正在活着，这就是我们从爱情上得

到的最大回报了。至于对方，能回报我们多少爱，因此可以不是最重要的了。”

但现如今，许多人却不是这样想的，他们哪怕是付出了一丝一毫，也想要期待回报，这种斤斤计较的人，用付出一定要得到回报来计算爱情。

他们对待爱情，就好像对待一只股票，对待一桩买卖，既然买了，付出成本了，那就一定要得到报酬，不然，这吃亏的赔本买卖谁肯去做?

这样可怕的爱情现实，想想就会让人心灰意冷。爱固然值得珍惜，但锱铢必较的爱情就没那么美丽了。

爱过就够了，如同蔡康永在他的书中写的那样：

享有比拥有贵重。我们享有空气，但无法拥有空气；我们享有阳光，但无法拥有太阳。同样的，我们享有友情亲情，但没办法，也不该想拥有那个友人亲人；我们也享有爱情，但没办法，也不该想拥有那个爱人。就享有吧，享有比拥有贵重多了。

我爱你，与你何干？这句话，好可爱，好可悲，好可怜，好可贵。

突然发现爱已经消失时，往往无比错愕，不懂发生了什么。这时虽也可百般逼问，但逼问恐是徒增难堪而已。我对此刻的建议是：坐下深呼吸，闭目回想当初这爱降临时，其实也是何等的不明白没道理。怎么来就会怎么去，这样悠然回首后，也许能醒悟爱的本质毕竟如此，然后放开了。

不要再专注于你所困顿的小世界，而忽略掉那些对你默默关注

的眼神。爱情最美好的，是真心实意的，是有个人，在老的时候还会想起你，那样的深情，一生都不会模糊。

他会想起你年少的模样，他会时不时地为你叹息。他从不提起你，但他也从不会忘记你。那样的你，就活在他心中，独一无二。

爱，从彼此分享开始

青梅竹马、两小无猜的爱情自然唯美，可是大多数人的爱情却发生在百转千回之后。经历了太多的曲曲折折，一个人度过了那么多孤独的日出日落，才终于在某一个自然而然的瞬间与心中的那个人不期而遇。

你们总是会拉着对方的手，告诉他（她）关于自己的过往种种。因为为爱人讲述那些过去的故事，不仅能够弥补当时没有他（她）陪在身边的遗憾，还能够让对方更好地了解此时此刻的你。

回首过往，自然离不开自己的学生时代。如果你能够带爱人再回到当年念过书的地方，那份身临其境的感动将会让你们的爱情更加浪漫而回味悠长。

当你牵着爱人的手，和他（她）一起踏进幼儿园的大门时，魔法仿佛发生，把你们俩变成了小朋友，手拉手，上演着一出名为返

老还童的童话故事。

那些小桌子、小椅子，承载着小时候的小小梦想，漂在自己奶声奶气的童谣声上，摇啊摇，摇到外婆桥。他（她）也记得当时的歌吗？

那就和爱人一起唱一次吧，也许唱到一半会没有了歌词，会忘记了曲调，那就随意胡编乱唱，就像小时候一样。其实，生活中有那么多美好的东西值得我们歌唱。

随着时间的逐渐推移，我们渐渐长大。曾经的稚气慢慢脱落，如同褪下旧衣，换上生命的新装。小学、初中、高中……

在这既漫长又短暂的岁月里，你总会记住很多或许有趣或许伤感的事。不要忘了把它们讲给你的爱人听。那些曾经的年少轻狂成就了今时今日的你，他（她）是多么珍惜。

也许最令你刻骨铭心的是大学那四年的岁月流光。你最初的梦想曾在这里燃烧，对社会的第一次妥协可能也在这里令你受伤。

想起那些事情，或许会不禁落泪，或许会一笑而过，这些最真实的情绪，流露出一个最真实的你。爱你的人会给你一个拥抱，告诉你那一切都已经过去，而此刻有他（她）陪在你身旁。

带爱人去你曾经念过书的地方，也许就在你们现在居住的城市里，也许不在，不要因为路途的关系失去了这次缅怀的机会。

这是一场穿越时光的旅行，有心爱的人给你作陪，他（她）将同你一起重新见证你的青葱岁月，过去往昔。

不要担心，真正的爱情是可以承受起一切的。

爱与幸福的交集

生命对每个人呈现出的面貌都与众不同，有多少个人就有多少种对幸福的不同定义和对生命的不同感悟，就像莎翁说的“一千个人眼里有一千个哈姆雷特”。在这些百态千姿里，我们的追求也与他人有异。但说到底，都有一个共同的目的，那就是活得幸福。

金钱、地位、名誉只是帮助我们走向幸福的阶梯，而不等同于幸福本身。

自从 1997 年美貌与智慧并重的戴安娜王妃车祸身亡，已经十几年过去了，但人们对她的怀念不仅没有因为时间的流逝而淡化，反而愈加深沉强烈。

她的一生，是悲剧，也是传奇。与查尔斯王子的婚姻，只是给了她玻璃鞋，却没有给她王子的真爱。身为王妃，她所拥有的金钱、名誉和地位令多少人疯狂，可是却不能令一个女人幸福。

相反，若是有爱，即便是贫贱夫妻，患难与共之中也能品出生活的甘甜。有爱，才可能幸福。而要活得幸福，我们需要爱得简单。

我们不能给自己的生命增加负累，就像蜗牛背上重重的壳，爬得那么慢，要如何追上幸福的脚步？

所以，爱得简单一点，活得简单一点，就能幸福一些。这些爱，不仅仅是儿女情长，还有父母之爱，手足之情，朋友之义。

要爱得简单，首先就得目的单纯。爱一个人，不是因为他拥有什么样的身份和地位，也不是因为他能够给你带来什么。

爱，只是源于内心，发自真情。如果你有所图，这样的目的本身就是负担。

其次，在爱里面，不能太过计较。付出不是为了回报，只要对方开心就好。

还有，那就是不能让欺骗成为笼罩在爱上的乌云。真诚与信任是维持爱的基石。其实，要让爱变得简单，有很多方式，最重要的就是要让我们的心在面对爱时，变得单纯、善良和坦率。

简单去爱，才能活得幸福，生命其实可以单纯的美好。

美好得就像下面这首诗，那样美，那样净。

记得那天，我借用你的新车，我撞凹了它
我以为你一定会杀了我的
但是你没有

记得那天，我拖你去海滩，而它真如你所说的下了雨
我以为你会说“我告诉过你”
但是你没有

记得那天，我和所有的男人调情好让你嫉妒
而你真的嫉妒了　我以为你一定会离开我
但是你没有

记得那天，我在你的新地毯上吐了满地的草莓饼
我以为你一定会厌恶我的
但是你没有

记得那天，我忘了告诉你那个舞会是要穿礼服的
而你却穿了牛仔裤
我以为你一定要抛弃我了
但是你没有

是的，有许多的事你都没有做，而你容忍我钟爱我保护我
有许多许多的事情我要回报你，等你从越南回来
但是你没有

这是一位普通的美国妇女写的，她的丈夫应征去了越南战场，后来阵亡了，她终身守寡。直到她去世后，她的女儿在为她整理遗物时，才发现了这首她亲笔写的诗。

这种纯粹而简单的爱，让一切都显得静谧安好，岁月沉静了。**不要再刻意地去在乎你爱的人是否也爱你，只要你为自己的爱执著努力，就够了。**

毕业之后不分手

“我们分手吧。”

“为什么，我们感情不是一向很好吗？我们还说要结婚生孩子呢？”

“结婚？别逗了，拿什么结？钱呢，房子呢，车子呢？”

“……”

一般来说，毕业之后分手的情侣多是为了这“三子”而分手——票子、房子、车子。在大学校园里，他们可以安静地相爱，可是一旦到喧嚣的社会中，安静的爱情便不复存在了，取而代之的是驾驭在物质上的情感交配。

“我真的很爱她，不想和她分开，可是我也清楚，她要的东西，我可能这辈子也给不起她。”

到底她爱的是你的人，还是你能带给她的物质条件？

“我是真的想和你在一起，可是我们什么也没有，都说贫贱夫妻百事哀，我们不如趁年轻，各自搏一搏吧。”

到底爱情有几斤几两重？是需要放在大房子和豪华轿车里才能存活，还是只要放在对方心里就能感到温暖呢？

我们只看到了大学毕业之后即刻分手的人，却忽视了那些继续在爱情道路上携手并进的人。

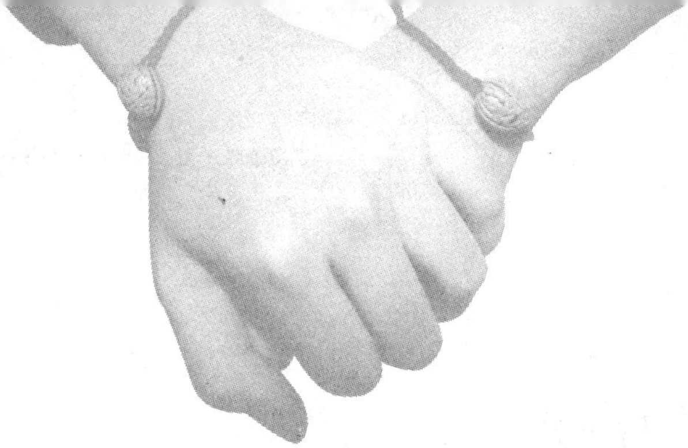

他们并没有因为现实的阻隔，就放弃对方。他们不会因为家境的差异，事业上的悬殊，或者社会地位的日渐落差，就嫌弃彼此。

从他们当初在校园里牵手的那一刻起，他们就明白，拉在一起的手，不会轻易地放开，这是他们的承诺。

毕业之后不提分手，与其在现实中退缩沉沦，不如勇敢地挺胸抬头，捍卫自己的爱情，也捍卫自己的坚持。

毕业之后不提分手，如果只是为了活得更好，就放弃一个还爱着的人，那不如守着自己的爱人，一起为更好的生活去奋斗。

毕业之后不提分手，谁都想功成名就，事业辉煌。可如果只是为了物质上的享受，就出卖和丢弃自己心中最纯真、最真诚的情感，那么，真的有了功成名就的时候，谁还能真心和你分享这份喜悦呢？

所以，毕业之后说分手是为了各自更好的发展，是为了放各自一条更广阔的生路，那都是为自己找的借口。

如果真的相爱，就算是在一起要经历更大的风霜雨雪，也不会想着要分开。

交一个不谈性的异性知己

男女之间，有人说根本不可能存在纯净的丝毫不掺杂暧昧或者情欲的友谊。

于是，蔡康永与小 S 之间，才会被那么多人关注。

康熙盛典的时候，恰逢小 S 生日，蔡康永偷偷地为她准备了生日礼物——他自己演唱的苏打绿的歌曲《无与伦比的美丽》。

唱到情深之处，蔡康永有些哽咽，他断断续续地说道："徐熙娣，你永远是无与伦比的美丽。"

听到此处，早已泣不成声的小 S 抱住了蔡康永。

之后，大家纷纷感言，蔡康永一定是爱小 S 的。

有人在节目中问蔡康永能否接受异性恋，蔡康永点头说可以。后来小 S 就在众人面前问他，哪个女生是他可以接受的异性恋对象。

蔡康永不说。

小 S 忽然说道："如果是我呢？"

蔡康永默认。

此时，大家更是确认，如果没有爱情，哪里会来这样的言谈。

其实，男女之间真的是可以存在这样一种介乎于爱情与友情之间的情感的。这是一种高尚的情感，拥有这样情感的男女之间不是爱人，不是情人，但又超出一般朋友，这种感情是不言爱，更不言

性。

但这种感情会令你心动，却又不会动情；让你一想起来就很温暖，却不会有激情，但这种感情远比激情持续得久，可以绵延一生。

去寻觅一个异性友人，和他做一对不谈性的知己，就好像蔡康永与小S那样，站在不远不近的地方去欣赏对方。

这种情感在于心灵的交流，两个人的心贴得很近，身体却离得“很远”。两个人在一起可以无所顾忌地谈爱情、谈婚姻、谈未来、谈理想、谈抱负。

谈到高兴之处，两个人也会拥抱，会勾肩搭背好似很亲密的样子，但这与性无关，那不过是友谊的表现，是很干净的，没有欲望掺杂在里面。

这种友谊，感觉像情人，却没有情人之间的腻腻歪歪。感觉像亲人，却要比亲人多一份距离和空间感。

《康熙来了》讲好吃的便当，小S总是先尝过一个吃的，然后对蔡康永说真好吃啊。边说着就把手里咬过一口的食物塞到蔡康永嘴里，蔡康永也乐呵呵地就吃了，还偶尔抱怨一句，你塞这么大口做什么啊！

毫不掩饰的自然，不带一点儿做作，这样的感情绝对不是占有。

这种远离红男绿女之间的情感，至真至纯，是非常奇妙的感情。

蔡康永被人问道：“如果可以跨越性别藩篱，有没有人可以拴住你？”他想了想后回答：“小S，她会是我最爱的女人，但不包括上床。”

是的，这个人会是你的最爱，但却摈弃了上床的因素，总之，

你们的关系是稳定的，也是规矩的，从来都不会有逾越雷池的举动，也不具有伤害任何人的力量。

你们之间有着心领神会的君子协定，不用白纸黑字地写出来，便会遵守得如同法律一般严格。她 / 他不是你的另一半，却是你的另一面。

C

成功

承认现实，看淡名利

外界与自我的肯定

外界的肯定或者否定不一定能够左右我们是成功还是失败。但是内心给自己的定位一定是影响成败的关键，也是决定生活幸福与否的重要心理因素。幸福其实就是一种阳光健康的心理状态。

生活有时风平浪静，会让我们觉得一成不变而乏味无奈；有时又会波涛汹涌，让我们陷入各种艰难的境地。

此时，别人的鼓励和帮助自然重要，但正所谓解铃还须系铃人，我们自己为生活喝彩，其实也就是在为自己喝彩，给自己奖励，是改变生活态度，重新找回幸福感的最有效方式。

作为全球最畅销管理经典《彼德原理》的作者，劳伦斯·彼德在接触很多歌手后，得出这样一个结论：“为什么许多著名歌手最后都以悲剧结束一生？究其原因，就是因为在舞台上他们永远需要观众的掌声来肯定自己，但是由于他们内心从来没有肯定过自己，没有为自己感到自豪过，所以一旦走进幕后，进入自己的卧室，他们便会备感凄凉，觉得听众把自己抛弃了，自己一无所有。”

还有一个故事，道理和劳伦斯讲的有些类似。

不幸的大卫在遭遇父母意外身亡后又面对失业，一下子跌落到人生的谷底。于是他每日到酒馆借酒消愁。有一天，大卫遇到了一位心理学家。善良的心理学家看到大卫如此委靡不振，于是给了他

一个“药方”，就是五个字“给自己奖励”。

大卫如梦初醒，终于意识到自己的问题所在以及走出困境的方法。于是，他每天都会在心里默念这几个字，告诉自己不论在什么情况下都要学会奖励自己。

从此以后，尽管大卫还遭受了很多不同的打击，但是他再也没有像以前那样自暴自弃，而是坚强乐观地活下去，并且享受生活。

由此可见，对于自我的肯定以及喝彩对一个人的一生有着多么深刻的影响。

为自己喝彩，给自己奖励，这既是一种对自己的激励，也是对人生的珍惜。为自己喝彩，给自己奖励，并不一定非得等到有所成绩时。取得成功固然是对自己能力的证明，值得喝彩，但暂时没有进展也未必说明最后一定会失败。

即便失败，那又如何？你照样可以为自己付出的努力和坚持喝彩。奋斗过、争取过、相信过，这些都是你给自己奖励的理由。如果目前阶段一切如常，那你给自己的奖励正好为平淡的生活增添一分光彩和乐趣。

不要把这样的自我喝彩和奖励理解为自我陶醉甚至自高自大。这只是一种面对生活、善待自己的方式。这样的自我安慰能让我们在受挫时看到坚持的希望，在成功时获得进一步前进的动力。生活不会向我们妥协，所以我们得学会调节，学会善待自己。一个懂得为自己喝彩、给自己奖励的人，他不仅能让自己活得幸福，也将懂得更好地关爱别人。

承认现实，看淡名利

车水马龙的滚滚红尘中，红男绿女们穿梭其中行色匆匆。其实天空很蔚蓝，还点缀着朵朵飘逸的白云，可是很多人都没有时间或者心情抬头看看，只是低头沉浸在自己的烦恼苦海之中挣扎纠缠。

我们总是很忙，忙得把快乐、满足甚至自我都忘了，所有的目光都只是聚焦在执著的追求上。

烦恼就像水草，执念越重，它就把我们缠得越紧。谁都不想在这苦海中溺水而亡吧？所以，把很多事情看淡，那些以为摆脱不掉的烦恼就会像写在沙滩上的字，被海水轻轻一冲，便烟消云散了。

其实我们拥有的不少，只是总是“这山望着那山高”，不懂得知足常乐的道理。就像一个故事中讲的一个中年人一样，他有了美满的家庭和成功的事业，却还是觉得生命是如此的空虚，自己变得越来越无奈惶惑，以致严重到要去看医生的地步。

医生没有给他开一大堆的中药或者西药，只是写了四张字条，让他去海边，在 9 点、12 点、15 点和 17 点这四个时间段依次打开它们，自然药到病除。

他虽然有些迷惑不解，但还是按照医生的话来到了海边。9 点的时候，打开第一张字条，上面清楚简洁地写着两个字“谛听”。这里有波涛的汹涌咆哮，海风的低吟浅唱，他听着听着，平时躁动的心

慢慢平静下来，心跳终于跟上了大自然柔缓的节拍，感受到了久违的踏实与安宁。

听着听着，不知不觉已是12点了，他饶有兴趣地打开第二张字条，上面告诉他要“回忆”。于是，往事像过电影一般，历历在目：无忧无虑的童年时光，艰苦创业的青年时期直到步入不惑之年的现在，身边从来不缺少父母的关爱和朋友的支持。此时此刻，这些夹杂着困苦和幸福的过往都变成了对他生命的激励，让他的热情之火重新燃烧起来。

治疗进入到这一步，他很自然地服下了下一帖“药”，开始“检讨自己的动机”。为什么创业初期，尽管日子过得很艰苦，可是自己总是充满了激情和幸福感？到了如今，事业有成了却反而觉得空虚彷徨呢？慢慢地，他有所领悟。

最后，第四张字条水到渠成，他“把自己的烦恼写在沙滩上”。一个波浪迅速打来，将那些字抚平，也将他的烦恼带入了大海，此刻他的心一如这海浪过后的沙滩般坦坦荡荡。烦恼没有了，他微笑着站起来，踏上了回家的路。

当我们被红尘俗世的种种烦恼缠得心乱如麻时，不妨也像故事中的中年人一样，去聆听，去追忆，去回味亲情、友情、爱情的真谛，把烦恼写在沙滩上，看着海水将这些无妄的需求冲刷干净。

然后，你将发现，面对再大的烦恼和欲望，原来自己都可以做到面朝大海，春暖花开。

别想了，想做就做

等待，其实是最浪费时间的事情。

我们总爱说："等我有钱了，就要去马尔代夫旅游。""等我有时间了，再陪你去环游世界。""等我……""等我……"我们都以为自己有无限的未来和精力，可以有足够的时间将梦想中的事情一件件慢慢做完。

但是等到最后，我们往往会惊讶地发现，早已没有足够的时间，精力也耗个精光，但我们想做的事情，却还一件都没能付诸实践。于是，只能空余一声叹息，徒留满怀遗憾。

很多事情很多人，不要以为会永远在原地等你；很多时候错过了就永远错过了，不管你事后有多么后悔，生活就是不会给你重来一次的机会。一部名为《第六感牛死恋》的电影，讲述了一个凄美的爱情故事。

男女主角在一家咖啡馆里偶遇，彼此只是短短的交谈，却在心里刻下了对方的印记。临别时，双方明明都很不舍，却都没有勇气开口问对方的名字和电话。出了咖啡馆，一个向左走，一个向右走。中间几次回头，几次停住脚步，但始终没有倒回去。

最后，当男主角一边过马路一边回头的时候，女主角也正好回头。本以为就在目光交汇的这一刻，他们会心领神会地走在一起，

可是天意偏偏弄人，车祸发生了。

在被撞向空中的那一瞬间，男主角一定后悔了，若是当时没有犹豫没有等待，而是直接告诉女孩儿他的喜欢，也许就不会有这场车祸，而代之以一场甜蜜幸福的热恋。而女孩儿也必将会永远记得这个画面，这个终身的遗憾。

生活中的错过，不只会发生在爱情里，也会发生在亲情、友情中。不是只有母亲节、父亲节，我们才能给爸爸妈妈送礼物，不是只有发生什么事了我们才能找朋友见见面。只要你想念他们了，只要你想告诉他们你的爱了，不要等待，不要不好意思，想做就去做吧。这样可以让自己的人生过得更加痛痛快快。

做人，要活在当下。这个道理其实早就有人总结过。

把过去交给垃圾，把未来交给上帝，把现在交给自己。

——西方谚语

吃饭时吃饭，睡觉时睡觉。

——佛语

一寸光阴一寸金，寸金难买寸光阴。

——中国谚语

抛弃时间的人，也将被时间抛弃。

——美国谚语

有句话说得好：过错只是个短暂的错误，而错过却是一辈子的遗憾。请记得，生活没有如果，想到什么就去做，不要等待。

为失败安静地冥想一小时

我们追求梦想和自身的完美，但这样的追求是永无止境的，因为我们知道，这个世界永远没有完美。不完美是打在每一个人身上的烙印，谁都会犯错，连孔圣人都需要“吾日三省乎吾身”。但并不是每一个人都有孔子那般面对自己的错误并且努力改正的勇气和理智。这也许就是圣人之所以为圣人的原因之一。

我们无须为自己的错误羞耻，却应该因为自己的掩饰、自欺欺人和知错不改而难堪。要想弄清楚自己的问题所在，要想不在同样的地方跌倒两次，要想成就更好的自己，我们就需要每大抽出一点时间让自己冥想，在思考中净化心灵，提升自我。

每天给自己一个小时的时间，只需要短短一个小时的时间就足够了。在这段时间里，我们可以回顾这一天的工作和生活，有成绩时不妨奖励自己一下，为今天的好心情锦上添花。但更重要的是，不要忽视自己的错误。哪些地方做得不对或者可以做得更好，一定要重点关注，谨记在心，然后在开始新的一天时，作出改变。从某种意义上说，成功其实就是由一点一滴的进步组成的。

有这样一个故事，一个刚从事房地产推销的推销员因为缺乏工作经验，在最初几个月的销售业绩评比中总是倒数第一。他非常着急，在努力寻找提高销售能力的办法。

后来，每次下班回家，他都先把自己关在房间里冥想一个小时，还不时在笔记本上写写画画。随着时间的推移，这一个小时成为了他固定的与自己独处的时间。

终于在一年之后，他以销售冠军的成绩震惊了身边的同事，并且业绩一次比一次好，不断地超越着自己。大家都争着问他，是如何取得这样令人意想不到的成功的。

他拿出随身携带的笔记本，谦虚地说："其实没有什么成功的秘诀。我只是每天下班回家后抽出一个小时的时间去回顾当天的工作，对于成功争取到的客户，我会记下推销成功的方法。但尤其重要的是，我会反省自己，总结这一天自己工作的失败，并且想出改正的办法。在下一次推销的时候，绝不让自己犯同样的错误。要说秘诀，这一个小时就是秘诀吧。"就是这一个小时的冥想奠定了他日后的成功。

一个小时的时间谁都有。怀着一种谦虚谨慎的态度，客观公正

地面对自我，这是反省时尤其需要注意的。

天外有天，人外有人。不论我们是学富五车也好，功成名就也罢，总有比我们学问更渊博、见识更丰富、成就更卓越的人，我们总会有进步的空间。

所以反省时，除了认识到自己的错误外，还要欣赏别人的长处，然后“择其善者而从之”，正所谓“他山之石，可以攻玉”。当然，我们不能盲目地贬低自己，在自己的劣势和别人的优势之前，失去自信，否则就得不偿失了。

每天抽出一个小时的时间进行冥想，与自己的内心对话，勇敢、公正并且自信地面对过去，期待未来。

卸下昨日的包袱，洗去心灵上的污迹，久而久之，灵魂终会平静下来，然后更加坦然地生活。

坚持到终点

人生路上有着无数的岔路口，面对着那么多的选择，我们徘徊，我们犹豫不决，甚至想要后退放弃。但是只要牢牢记住心中那个明确的目标，就总能坚持到最后的胜利。

就好像跑步一样，它既是对身体的锻炼，也是对耐力和心智的

考验。不妨在清晨或者傍晚，为自己设定一个目标，在操场上坚持跑几圈，既可以愉悦身心，又可以坚定意志，真是一举两得。

开始跑步之前，要把目标设定好，要量力而行，又要有一定的挑战性。太高了不行，比如平时自己只能跑 5 圈，今天却规定自己非要跑 10 圈；或者往常最多跑 30 分钟，今天却硬要自己跑一个小时，这样做都会因为目标不切实际难以达到，而打消自己坚持下去的积极性。

同时，目标也不能太低，否则，这样的坚持不会让自己有多大的提高和突破，只是在重复昨日的成绩而已。

恰当的目标设定好后，就要严格地完成。做好了应对挑战的心理准备，开始得从容而镇定。途中会很累，也许会想到放弃，这时不妨默念“水滴石穿，绳锯木断”这八字箴言，自己给自己打气。

或者，你可以戴上耳机，听着自己喜欢的音乐，在锻炼的同时享受一场音乐的盛宴。这样可以分散注意力，让你在不知不觉中忘记疲惫。

或者你可以事先给自己许诺个小礼物，作为完成目标的奖赏。有了动力，再加上努力和坚持，你会发现，成功原来就在不远处的终点。

而生命的精彩，也是由自己决定的，只要你肯坚持。

英国有一个电视节目叫做《英国达人》，吸引了许多才艺很好的人参加，但是有一位参赛者却引起了大家的关注。

她 47 岁，长相普通，形体臃肿，和其他的参赛者比起来，一点儿也不突出。她在这档电视节目中唱了一首叫《我曾有梦》的歌曲，

几乎所有人都被她那天籁般的歌声震惊了，她因此而一炮走红。

事情远没有到此结束，她红了之后，美国某网站有关她精彩演出的片段，在短短的几天当中，点击率上升至3500万次，居然超过了奥巴马当选总统之后的就职演说。

这位草根明星就是苏珊大妈，她的成功让所有人都不可思议。因为她并不是一个正常的人，她因为出生的时候大脑缺氧，有些轻微的智障。

她在12岁的时候就表现出了对歌唱的兴趣，因为多病的母亲，后来她放弃了上学。当然，她本身的成绩也不足以让她继续读下去。

她在当地找过几份工作，同时照顾生病的母亲。后来，母亲在临终前再次点燃了她的梦想，母亲说：“苏珊，你的歌唱得非常好，你应该属于《英国达人》那个舞台！”

于是，苏珊带着梦想来到了这个舞台，她成了耀眼的明星。

在一次采访中，有人问她：“苏珊，你现在一举成名了，你的感想是什么？”

苏珊大妈说：“现在我再也不会感觉到寂寞了！”

是的，有梦想陪伴，怎么还会寂寞。上天总是把人世间最美好的东西恩赐给最懂得坚持并不懈努力的人。

自助者天助。每一个阶段该做什么事情，就做什么事情，好高骛远是没有用的。但也不要因为暂时的失败就放弃努力，奇迹是留给有准备的人的，就像苏珊大妈这样。所以，坚持吧，不要放弃。

婚姻

因爱而生的永恒

婚姻的良方就是爱

有人说：婚姻是爱情的坟墓。

也有人说：婚姻是一座围城，进去的人想出来，出来的人再也不想进去。

还有人说：婚姻和爱情无关，爱情是风花雪月的穷浪漫，婚姻是柴米油盐的穷讲究。

……

婚姻，是一种关系的终结，和另一种关系的开始。当你们从恋人变成爱人的那一刻起，婚姻便正式发挥了它最大的效用，那就是厮守。

婚姻的重要含义是相互扶持，可是在彼此扶持的过程中，却有人开始出现了三心二意，也许，爱情真的是敌不过流年。

在当初为了爱而牵手的时刻，谁能想到，岁月竟是如此的细碎，让人麻木呢？

在婚姻与爱情之间，到底应该如何维系呢？

在你对枯燥乏味的婚姻生活感到失望的时候，千万不要想着放手，因为陪在你身边的伴侣，是你曾经认定一生要厮守的对象。草率的放手，会让你最初的誓言一文不值。

如果说现实是爱情最大的敌人，是现实让一切都变得那么乏味，

那么不浪漫了，那么，不妨在婚姻的现实中，为另一半营造出一点独特的浪漫。

让彼此在平淡的生活中，也能够心有所想。

在早上要出门上班之前，相互之间，可以吻别。不要认为这个枕边人已经失去了让你亲吻的魅力，当柔软的嘴唇相互碰到时，便能激起藏埋于心底的过去的美好。

在逛街的时候，不要总是想着为自己买东西，想想看，另一半缺什么，哪怕是一条内裤，你买回去，也会让你们的婚姻充满温馨。因为这说明，在任何时候，他都在你心中，你始终惦念着。

记住每一个特殊的日子，相互赠送礼物，一起庆祝。这并不是一件浪费时间的事情，礼物也不一定要送非常奢华的。只要是贴心和温暖的礼物，都能够让婚姻在爱情的气氛中，持久温馨。

有时间，就给对方写情书，放在他最容易看到的地方。温柔的词句，会让他回想起你们温柔的岁月。

就好像李银河与王小波那样，将炽热的爱通过文字久久留存。

小波：

自从我认识了你，我觉得所有的人都黯然失色，再也没有谁比你更好了，我的菩提树！……“无论是欢乐和悲伤，我总到那里去。”是啊，我的心总向往你，特别是在悲伤的时候。你的信太让我感动了。真的永远有新东西在前面吗？我说过了，我的活力不够，这一点从第一天见到你时我就看出来了：你的生命的活力在吸引我，我不由自主地要到你那里去。因为你那里有生活，有创造，有不竭的火，有不尽的源泉。我们一起请

求上帝，愿它永远不要枯竭吧！

我非常非常地想你，特别是在紧张工作的间歇。我觉得这世界上好像除了你和工作，什么都不存在了。你也这样想我吗？

银河

爱他，自然要说出来。不分场合和次数。不要总是逼问他“爱不爱我”，相反的，要记得时刻将爱向他说出来。

要说**真正的婚姻之道，无外乎八个字：将心比心，相濡以沫**。

再多的说辞，也不过是为了参透这八字真言罢了。记住爱，把爱留在心里，并且还要大声地说出来，像他们一样，交换彼此之间的爱，让婚姻不会因为失去爱而黯淡。

因爱而生的永恒

一档相亲节目，因为它出格的言辞和非主流的思想一夜走红。女嘉宾昂着她涂抹着厚厚化妆品的脸，高贵地宣称：“我宁愿坐在宝马车里哭泣，也不愿意坐在自行车后座上微笑。”

此言一出，引发网友们热烈讨论，一场关于爱情与物质的争论，越演越烈。

到底是物质重要，还是爱情唯一，随着争论声的不断攀高，这

已经不是重点了。重点是，在当下物欲横流的社会中，人们似乎已经不再相信爱情。

2011 年春晚上，一个小品中一句“我要去找一个有房子的男朋友，你去找一个不要房子的丈母娘”走红。

品论过后，人们似乎觉得前者远比后者好寻觅，人们心中，到底还有多少对爱情真诚的信仰？

也许，正是因为如此，《将爱》电影横空跳出，坚决要拯救当下人们不坚定的爱情观。电影放映过后，爱看的人哭了，不爱看的人骂了。

热热闹闹的银幕关闭后，纷纷扰扰的讨论落下帷幕后，对于人们心中的爱情，却不是区区一部电影能够救赎的。

这时，网络一个帖子，再次引发人们对于爱情的思考。

一个小男孩对小女孩说：“我是你的 BF。”女孩扬起童真的脸，问：“什么是 BF？”男孩嘻嘻笑道：“是 Best Friend 的意思。”

后来，他们恋爱了。小伙子对姑娘说：“我是你的 BF。”姑娘小鸟依人，害羞问道：“什么是 BF 呀？”小伙子捧起姑娘的脸，深情道：“是 Boy Friend 的意思。”

很幸运，几年后，他们结婚了，有了可爱的孩子。丈夫微笑着对妻子说：“我是你的 BF。”妻子解下围裙，温柔地问道：“BF 是什么呀？”丈夫看了看宝贝，满脸幸福地答道：“是 Baby's Father 的意思。”

后来他们老了，老得走不动路了，老两口躺在藤椅上悠闲地晒着傍晚的太阳。老公公对老婆婆说：“老婆子，我是你的 BF。”老婆

婆听到这话，笑得脸上起了一堆皱纹，问道："老头子，什么是BF啊？"老公公望着夕阳染红的天空，思绪联翩，苍老的嗓音却显得悠远而神秘："Be Forever！"

因为爱情，所以永远！

能够永远的，也仅有爱情吧。物质再丰富，也终会消失。但是爱情，即使天荒地老，那曾经爱过的誓言，依然存在。**曾经爱过的人，就算身在天涯，也心存想念。这一切的情愫，都是因为爱情。**

当你爱过的人，在十几年，甚至几十年后再出现，你也许会发现，你认为早就消失了的爱，其实一直存在心底，只是你不愿记起罢了。

离掉了爱情，保卫了亲情

离婚后，两个人还剩下什么？

不外乎三种：

陌生路人，相忘于江湖，老死不相往来。

今生仇人，见面就眼红，恨不得除之而后快。发誓这辈子再也不能和这样的人过日子，厌恶到了极点。

双方和平分手，互相谅解，虽然也从此天涯路人，但却还在各

自的内心深处保留了一点温情。

论坛上一则故事，讲出了世间最美的离婚理由：

一对夫妻办理了离婚手续，不知道该如何向年幼的儿子解释这一切。最后丈夫决定由自己开口。

妻子离开家后，丈夫像往常一样替儿子做饭、洗衣、检查作业。直到半个月后的一天晚上，他给儿子讲了一个故事：“天使是从天上飞下来照顾人的，世界上的爸爸妈妈都是天使，是专门照顾孩子的。现在，爸爸一个人就能照顾好你，所以，妈妈就放心地把你交给了爸爸，而她自己，则是飞去了很远的地方，去照顾其他的小朋友……”

按说，夫妻离婚是人一生当中最重大的挫折之一。离婚双方的心灵所遭受的重创，是恩爱夫妻难以想象的。

当你深爱着的那个人，突然不再陪伴你，而是选择离你远去时，你该遭受多大的创痛。可是故事中的这个男人，却能够忍住伤痛，用自己的宽容，包容了所有的伤害，用自己有力的臂膀，为孩子撑起了一片温馨的天空。

他用最美的故事，为孩子讲述了一个关于天使离去的离婚事件。

那些还在为离婚而愤怒、责骂的父母们，当你们离掉了爱情的时候，想一想身边的人，好歹，留一份日后可以回忆的亲情吧。

剩女也疯狂

她们主动选择了剩下，甘愿做剩女。这样的女性多是一群拥有自我意识、独立人格和生活方式选择权的优秀女性。

这些女性有自己成功的事业、有自己坚持的追求，还有自己的社交圈子和固定友人。她们并非是因为自身条件不够优秀而被剩下，可以说，她们剩下，是她们主动选择的结果，是她们让自己被剩下。

剩女并不拒绝婚姻，但她们拒绝不完美的选择。她们不会为了婚姻而凑合自己，她们不会为了社会舆论而委屈自己嫁给一个随便的男人。

不要将所有剩女都想象成为着急出嫁的老姑娘，要知道，不是每个“被剩下的女人”都过得单调无味，还是有那么一群剩女生活得如鱼得水，有滋有味的。

如果说独来独往是一种习惯，那么剩女是非常惬意于、沉醉在这种习惯中的。她们从不主动将爱拒绝，但也从不徒劳无功地去挽留任何一份变质或者正在离她们远去的爱情。这对她们来说很不值得。

对于爱情，这些剩女从不强求，她们觉得既然有缘无分已经成为了既定事实，那还何必去执著呢?

正如强扭的瓜不甜，她们宁为玉碎，也不为瓦全。

剩女对于自由的追求远比对于婚姻的追求高，她们从不会限制或是霸道地想要占有任何人。相对的，任何人也别想束缚住她们，就算是以爱的名义。

这样的女人洒脱得厉害，甚至胜过男人，这让那些高高在上的男人如何有信心来面对她们。

好在剩女也不在乎，她们有着一颗善于发现惊喜的心灵，总是能轻而易举地捕获快乐。即便没有人陪伴在身边，也能发现生活的小美好、小惊喜。

剩女们玩转生活的潜力是不可限量的。对于她们自由自在地徜徉在婚姻大门之外的状态，有人羡慕，有人不解。

不过，剩女们自己知道，自己的快乐自己做主就好。

爱人与你，黑暗中的倾诉

如果某个人，只能和你分享欢乐，却不能陪你患难与共，那么，这个人就不是真正能陪你走到最后的人。

如果当你正在经历痛苦的时候，你身边的人却不能替你承受，甚至无法分担，甚至连一句问候、一个拥抱都想不起来给你，那这个人就不是真的爱你。

这是我们都明白的道理。当初，我们和相爱的人一起携手步入婚姻殿堂，也就是因为，我们认定了牵手的这个人，是能够在我们痛苦的时候陪伴我们走过痛苦，在我们迷惘的时候指引我们走出迷惘的人。

所以，我们才义无反顾地牵起这个人的手。

可是，婚姻生活过久了，我们似乎忘记了我们所在婚姻中的责任，我们开始忽视掉了婚姻中最宝贵的东西，例如交流、珍惜等。

在我们看来，都已经结婚了，日子就只能这样平淡无奇地过下去，还有什么折腾的呢？于是，慢慢地，我们的婚姻出现了裂痕。

当朋友说有事情找你帮忙、找你倾诉的时候，你或许义不容辞地就冲上前去。可是当你的爱人需要和你谈谈心、交流的时候，你却已经困得睡着了。

婚姻的平淡如水，让你早已失去了往日的激情。在这场漫漫的婚姻中，你似乎都已经看不到爱情的存在。

你所能感到的，就是一个每天陪你吃饭睡觉的人，一个左手握右手的人，一个一天不见面也不会想起的人。

如果你是持这样的态度来对待婚姻的，那婚姻真的就岌岌可危了。如果你想改善，那不妨抽一点时间，陪爱人吃一顿温馨的晚餐，或者去看一场浪漫的电影。

如果想更加拉近两个人因为时间而造成的生疏的距离，那你不妨陪他在黑暗中坐一会儿，可以是关掉电灯的房间，也可以是夜色下的公园……

在黑暗的遮掩下，人的情绪会处于松弛中，此时，你的陪伴就

是他此刻的港湾。你们可以随意地交谈，或者就那么安静地待在一起。随着全新一天的到来，你们的感情会得到一次崭新的修复。

不要忽略了那个一直陪在你身边，却从未要求过回报的人，我们都需要别人的温暖。你的陪伴，他会记得。**真情可贵，知己难得，这样的患难与共，让我们在时过境迁之后，依然想向对方说一句：有你在身边，真好**。

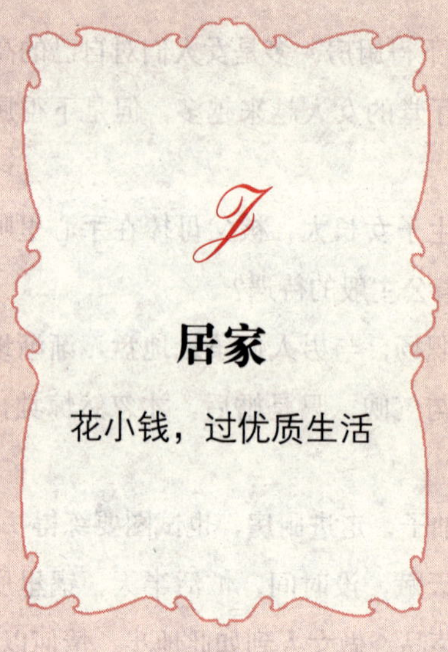

居家

花小钱，过优质生活

教你煮养生的美味粥

“上得厅堂，下得厨房”多是女人们对自己的高标准要求。

而今，上得厅堂的女人越来越多，但是下得厨房的女人却是凤毛麟角了。

自小作为独生子女长大，被父母捧在手心里呵护娇宠，哪家的女孩子不是享受着公主般的待遇？

长大后驰骋职场，与男人们争抢地盘，渐渐地，也就练就了一副男人般的架势与气魄。只是婚后，才忽然惊觉，一个屋檐下，不需要两个男人。

于是，挽起袖子，走进厨房，也试图要练得一手好烹饪。

但可惜，没天赋，没时间，忙活半天，锅里所盛的不过是让人看了毫无食欲的菜品。做女人到如此地步，情何以堪？

其实，烹饪之道，煎炒油炸煮，形形色色，你不能学会最难的，却可以掌握最基础的，也是最暖心的，那就是煮粥。

不要小看煮粥就是白水加米粒，这里的学问还是很大的。

第一步：浸泡。煮粥前先将米用冷水浸泡半小时，这样能够让米粒都膨胀开来。这样做的好处：a. 熬起粥来节省时间；b. 搅动时会顺着一个方向转；c. 熬出的粥酥、口感好。

第二步：开水下锅。大家的普遍共识都是冷水煮粥，而真正的

行家里手却是用开水煮粥，为什么？你肯定有过冷水煮粥糊底的经验吧？开水下锅就不会有此现象，而且它比冷水煮粥更省时间。

第三步：掌握火候很关键。先用大火煮开，再转文火即小火熬煮约 30 分钟。别小看火的大小转换，粥的香味会由此而出。

第四步：搅拌。原来我们煮粥之所以间或搅拌，是为了怕粥糊底，现在没了冷水煮粥糊底的担忧，为什么还要搅呢？为了“出稠”，也就是让米粒颗颗饱满、粒粒酥稠。搅拌的技巧是：开水下锅时搅几下，盖上锅盖至文火熬 20 分钟时，开始不停地搅动，一直持续约 10 分钟，到呈酥稠状出锅为止。

第五步：点油。这是煮粥的点睛之笔，在粥改文火后约 10 分钟时点入少许色拉油，你会发现不光成品粥色泽鲜亮，而且入口别样鲜滑。

第六步：底、料分煮。大多数人煮粥时习惯将所有的东西一股脑儿地全倒进锅里，百年老粥店可不这样做。粥底是粥底，料是料，分头煮的煮、焯的焯，最后再放一块熬煮片刻，且绝不超过 10 分钟。这样熬出的粥品清爽不浑浊，每样东西的味道都熬出来了又不串味。特别是辅料为肉类及海鲜时，更应该将粥底和辅料分开。

一碗清香四溢的营养粥就出锅了，配上几个清淡的小菜，一起端上餐桌。这样的食物，在一天繁忙工作结束后，不但能暖胃，更能暖心。

花小钱，过优质生活

我们在获得现代社会提供的种种便利和享受的同时，也在为此承担着压力和代价。

油价又涨了，房价又翻番了，连萝卜白菜也在不知不觉中身价倍增了。每一天努力地工作赚钱，供车供房供自己，要是有了家庭和孩子，还得为更多的因素考虑。

也许是因为工作太忙以至于没有时间，也许是因为压力太大以至于没有闲钱，很多时候我们没有能够好好打理自己的生活，老是抱怨生活质量越来越差。

其实，优质生活并不是有钱人的专利，花点小钱，不会让我们立刻陷入经济危机，却能够让我们享受优质生活，不妨试一试吧。

生活幸福与否，很大程度上取决于我们自己的主观感受。所以，要想过上优质生活，首先得具有享受生活的心情。

如果，你总是愁眉不展，看到花开却闻不到花香，甚至无视花的存在，那么就算有再多的钱给你，生活照样是一塌糊涂。

积极乐观的心情就像阳光，照进每一天的生活里，即便有乌云，也能够穿透；即便有寒冰，也能够融化。

最强大的力量莫过于精神，生活中那些高低不平的坎，你一定可以迈过。

有了好心情，再花上一点小钱，就能够给生活锦上添花。总是对着电脑工作，那就买一盆绿色植物放在旁边，既可以抗辐射，又能够获得视觉上的享受。当你工作累了时，看看它，就会觉得放松了很多。

买一本喜欢的书或者杂志，晚上睡觉前躺在床上随意地翻几页，一天辛苦工作的疲惫就在这样的安逸和随性中渐渐消散。觉得心里积压了好多东西需要释放，那就和好朋友见见面，不用去什么高级的地方，或者只是一个安静的咖啡馆，或者就是邀他到家里享受自己准备的下午茶……

优质生活并不等于 LV 的包包、香奈儿的高级服装、玛莎拉蒂的奢华跑车。它只是一种生活态度，关于热爱、关于乐观、关于珍惜，与金钱真的没有太大关系。有时候一场电影、一段音乐、一个创意 DIY，就能带给我们优质生活的享受。只要你愿意，生活其实可以很美好。

白领这个词曾围着光环，但如今，白领已经被这样解释了："一个月到头，发了工资，去买了饮料泡面、交了房租水电，才发现，这个月的工资又白领了。"

物价上涨，生活水平不断提高，这让许多人感到日子过得捉襟见肘，面临这样的现状，是从此节衣缩食还是主动出击呢?

这就要看个人的技巧了。在精明的人那里，就算只花 100 元钱，也能够过得很滋润。但对于不擅长分配金钱的人来说，就算手里有 100 万元，也会很快用光的。

下面就教你几招如何来花小钱，过优质生活的妙招吧。

晚上 9 点去超市

很多超市的果盘、沙拉、糕点、熟食等，都会在晚上 9 点开始打折，价格可能是标签上的一半不到，但能让我们的夜生活更有"质量"一些。

上午购买机票最便宜

飞机虽然快捷方便，但高昂的票价会让许多人望而却步。你知道一天之内什么时候买机票最便宜吗？答案是上午。因为机票的折扣通常会隔夜重新调整。如果决定乘坐飞机，那就尽量避免周一上午和周四晚上出行，因为这两个时段旅客最多，机票价格也不会便宜。

选择打折电影票购买

看电影是一种视觉享受，但电影票一张就得好几十元，还不带可乐、爆米花，实在很昂贵。所以选择合适的时机以及买到合适的电影票最为重要。

除了众人皆知的星期二全天电影半价外，有的电影院特地推出"女士之夜"，女人照样享受半价。还有"信用卡之夜"——持指定信用卡即可半价。另外周末早晨几个小时，看早场大片最便宜只要 10 元，最起码也可以享受对折。

网上购物使用返利网站

现在越来越多的消费者选择网上购物，因为其实惠，比较出名的淘宝、京东、卓越、一号店、凡客等。这些网站会经常推出购物返还现金的活动，抓住机会，你会发现一个月你买东西的成本能节约不少。

想看杂志，无须花大钱下载就行

杂志现在也是越卖越贵，许多人开始选择电子杂志下载，既环保又省钱。在杂志各自的网站上可以找到下载链接。虽然有些电子杂志也会收费，但远比从报摊上买一本的成本低得多。

这些方法都是切实可行的，可以利用在日常生活中，只要你真心热爱生活，便总能发现生活中点点滴滴的小乐趣。

为自己列一份“舍弃”清单

我们的一生总在不断追求，渴望将很多东西据为已有，比如金钱、名誉、地位、权力……拥有了之后，不管是否随着现实的改变而不再需要，我们还是习惯性地将很多东西继续留下，是怀旧还是贪心，只有自己知道。

当人们面前放着半杯水的时候，会怎么看待？有的人会看着这半杯水，沮丧失落地感慨道：“只有半杯水了。”有的人却会开心地说：“还有半杯水啊。”言语里全是希望。

其实都是同样的半杯水，却因为人们心态的不同而产生完全不一样的看法。生活其实就像一面镜子，当我们用笑脸相迎时，它回馈给我们的必是善意的微笑；当我们以伤感面对时，它呈现给我们

的也只能是难过多于希望；当我们因内心负载着太多东西而步履艰难时，它又怎么能够做到轻松坦荡？

人的一生，其实真的不长，时间和精力如此有限，怎么才能够把它们用在满足永远也不可能满足的人性欲望之上，而不是去做那些更加有意义有价值的事情呢？只有把时间和心灵的空间腾出来，才能够为那些值得爱值得付出的人和事留出位置。其实也是在为自己的人生留下快乐和美好。

要学会用减法生活，把不需要的东西潇洒地丢掉，心灵才会轻松，生活才能够更加坦坦荡荡。不妨列一份清单，一一写下你要丢掉的东西，简简单单又很清楚明了。

首先，我们最容易想到要丢弃的应该是各种生活用品吧：穿旧了的鞋子、过时了的衣裳、早就看完了的报纸杂志、搁在浴室里的空沐浴露瓶、坏掉了的家用电器等等。

这些东西，不仅占用着屋子里有限的空间，更糟的是，当你想找什么的时候，却总是因为它们的碍手碍脚而浪费很多时间。

写下来之后，一鼓作气再给家里来个大扫除。等你收拾完了以后，看到屋里比收拾之前既干净了许多，又宽敞了许多时，心里一定会充满了惬意和成就感。

清理了自己的家以后，更重要的是给心灵减压，让灵魂松绑。有人说“日子久了，回忆也堆积得要发霉了。找个阳光充足的晴天拿出来翻晒翻晒，那些需要忘记的事情，就让它像浮云一样飘散。于是，蓦然发现，心是空灵的，梦是明朗的，生活是澄澈的……”

生活就是这样，受伤的、感激的、开心的、不幸的……都会随

着时间的推移而成为过往，没有什么是过不去的。既然过去了，那就让它过去吧，不要在心灵上留疤。只有这样，我们才能始终保持最清澈的目光。

当我们学会用减法生活，去掉那些不再需要的东西时，也许就是把生活还原成了它本来最简单清纯的模样。

为自己买一件喜欢已久的奢侈品

名牌，在橱窗里闪耀着独特的熠熠光芒。

也许，街边的某次回首，橱窗外的一次驻足，让我们把那件喜欢的东西看入了眼，吸引我们的不止是名牌自身的魅力，更因为那独特的设计和精美的材质。

可是出于昂贵的价格或者现实的考虑，我们再一次放弃了心中所喜，压抑了自己原本可能的快乐。

其实，我们不该这么犹豫，快乐有时很简单，喜欢了就买下来，只是偶尔为自己破费一次而已。

不要把我们看到第一眼就喜欢的东西解释成贪欲。爱“美”之心人皆有之。这个“美”，不仅仅是物质所带给人的快感，也有我们本身在犒赏自己的过程中所体会到的幸福。

明明喜欢却忍痛放弃，一次又一次将自己内心的欲望之火浇灭，慢慢地，我们可能就会形成一种习惯，在不知不觉中，束缚自己，压抑内心，将生活的快乐剥夺，越发觉得它的无奈和苍白。

这样的生活是你喜欢的吗？谁不想活得多一点随性，少一点克制，多一分得偿所愿的快乐，少一分错失所爱的遗憾？那么，当你真的碰到了自己很喜欢的某件东西，不妨冲动一点，为自己买下它。

都说很多东西是金钱买不到的，在很多时候这话都对。可是此时此刻，我们却用金钱买到了可以穿在身上或者供自己欣赏把玩的快乐，它远远超过了我们所付出的金钱的价值，千金难买心头好！

一瓶香水、一款首饰或者一条裙子……这些都能令女人的漂亮锦上添花。对于男人，相机、手表、领带之类的物品则能恰到好处地彰显男人的时尚与品位。

我们想象自己拥有它们时的美丽、潇洒和惬意，随之而来产生的欲罢不能、欲说还休的恋恋不舍就像一剂催化剂，既可以令满足更满足，又可以让遗憾更遗憾。时常听到身边有人这样抱怨：“当时没买，等再去的时候，它已经不在了”“好后悔，我是真的很喜欢”“要是当时我怎样怎样就好了”……

这些抱怨、这些遗憾不只是针对某件想买而没买的商品，也许还会扩大到自己对于工作对于生活的看法。我们都知道，人的一生中有很多种选择，却唯独没有“如果”。不要让事后的“如果”为生活蒙上阴影。

其实，生活的意义或许很简单：因为没有那么多的青春和时间可以浪费，所以当我们可以拥有时，就一定要抓住，无须压抑，不

要遗憾。生活就是由这些小小的满足和快乐构成的五线谱。

从今天开始，当你再一次看到了自己喜欢的东西，并且真的很喜欢它时，不妨打破以往的压抑和束缚，开开心心地为自己破费一次，在享用这份给自己的礼物时，获得彻底的放松、满足和幸福。

国货控

生活总是充满了各种快乐，因为我们总能在这百宝箱里，发现自己喜欢的东西。当你特别沉迷于某种东西，享受对它的痴迷和专注带给你的乐趣时，也许你就是一枚“XX 控”了。有人是格子控，有人是萝莉控，有人是眼镜控，有人是明星控……

喜欢的也许是某件物质，也许是某个人，也许是某种行为，这些都不重要，重要的是，我们在这种喜欢里乐此不疲。喜欢由自己！你想做什么控都可以。只是，如果做某件事情，不仅能带给你精神上的愉悦，还能带给你生活质量的改变，何乐而不为呢？那就不妨做一名“国货控”吧。

并不是进口的就是优质的，也并不是只有大牌货才能标榜美好生活，关键是适合自己的才是最恰到好处的。很多人可能担心国货的质量，但事实上，大部分的国货尤其是那些经历了岁月考验的经

典国货，其质量是值得信赖的。而且由于是本土产品，在使用特性上更适合我们。有人曾针对洗面奶做过国货与外国品牌的对比。

中国人与欧美人由于生活环境的差异，其皮肤酸碱度各有不同。我们的皮肤会自动分泌一种皮脂膜来使皮肤避免干燥和细菌入侵，这种皮脂膜呈弱酸性。只有在这种弱酸性的状态下，我们的皮肤才能得到最健康的保护。

但是大部分国外品牌的护肤品都是碱性的，使用后可能会导致水油失衡、皮肤干燥以致产生痘痘、过敏等现象。而国货护肤品大部分的 PH 值都是酸性的，在清洁面部肌肤的同时，更可加以保护。又由于国货不用像进口商品那样交很高的关税，所以价格也会便宜很多。

性价比很高的国货在我们本国不被重视，在国外受到追捧的例子有很多。比如，中国的大宝在国外尤其是日本就非常受女性的青睐。我们眼中不起眼的国货却在国外实现了自己的价值。

其实一个品牌的好坏，不在于它是国货还是国外大牌，而在于它的质量是否值得信赖。如果国货物美价廉，那我们为什么要舍近求远？做一名“国货控”吧，用低廉的消费享受优质的生活。

去载歌载舞的比赛场

有些人喜欢在家里看体育比赛。因为他们认为看电视比现场更清楚，而且用不着门票。可是为什么还是有那么多人千方百计地要买门票亲临现场去看比赛呢？其实，就像很多人愿意到现场去听演唱会一样，热衷于沉浸在那里如大海般汹涌澎湃的激情之中。

在现场虽然身边都是陌生人，但是大家有着同样的喜好，接受的都是同样的视觉和听觉刺激。可能每个人的心理感受不一样，但是由于组成了一个庞大的群体，大家的情绪互相感染、互相作用，从而形成一个巨大的“情绪磁场”。

这个磁场会把每个人都深深地吸引住，让大家更加投入，更加充满激情。而激情，不正是我们平凡生活的调味剂吗？就像沙漠需要绿洲的点缀，人体需要营养的支撑一样，激情是我们生命中的不可或缺，让对生活感到乏味的人重新建立起对生活的热爱和憧憬。

现场，永远是一个寻找激情、制造激情的好地方。所以，不要总是宅在家里对着电视，如果有一场令你感兴趣的体育比赛，那就去现场看看，和那些像你一样热爱体育的陌生人一起，大声呐喊，让血液沸腾起来吧。

看现场和看电视的不同在于，看电视转播，透过的不是我们自己的眼睛，接收的也是间接得来的信息。这些信息都是摄像师等电

视媒体工作者选择并做过技术处理的，有了这层传递中介的介入，现实也不再是它本身的确切样子，而是自己的不完全翻版。

这其中有我们在现场看不到的信息，也有我们原本可以自己看见却被摄像机切割掉的画面。而且镜头对体育明星和成功者的特写，以及电视转播中夹杂着的记者和主持人的解说和评价，都在有意无意中传递着电视媒体的观点，输送着主流的价值观，影响着我们自己的判断。

在现场则不一样，关注谁和不关注谁，都打上了我们个性化的标签。但是固定的座位也局限了我们的视野，让我们不能像看电视那样，可以有不断变换的视角和慢动作重播，这也是看现场的不好之处。

不管是去现场看比赛还是待在家里看电视转播，两种方式各有优劣，实在没有什么高下伯仲之分。

只是换一个环境去体验一场激情，甚至有缘分的话，和旁边志同道合的某个陌生人成为好朋友，获得一份意外的收获，给生活增加一些趣味，何乐而不为?

去球场看球重要的不是去看比赛，而是去感受热烈的气氛。被球迷的狂热所熏染，你会感到生命的激情依然在你体内流淌。

那么，这个世界上气氛最好的球场，当然要数伯纳乌球场了。首先它的面积很大，观众席很多，能够容纳许多观众，人多了气氛自然就热烈了。

其次，皇马球迷的狂热跟英超球迷相比是有过之而无不及。再次，伯纳乌有很多特殊嘉宾包厢，从来都是西班牙王室、权贵以及

欧洲王公贵族们首选的观球场所。

这为伯纳乌球场带来了非同凡响的名气，因为西班牙王室经常把伯纳乌的贵宾席球票当做外交礼物作为进行对外交流的手段和方式。因此，伯纳乌的名气已经超越了在足球界的影响，在世界政治界也很有名。

第二名的老特拉福德球场也很棒，不论从球场建筑大小、球迷氛围还是从辉煌的荣誉历史来说，都跟伯纳乌球场不分上下，只是可能因为伯纳乌在皇室王族的光顾下，更显得声名远扬一点吧。

能与两者相提并论的有一定历史积淀的欧洲著名大球场还有米兰的圣西罗（国际米兰称梅亚查）球场、巴萨的诺坎普大球场（可容纳 12 万人，欧洲最大的球场）、尤文图斯和都灵的阿尔卑球场以及利物浦的安菲尔德球场等。

这些球场都是球迷们梦寐以求想要去的地方。在那里，不管你是不是一个球迷，都能感受到燃烧的激情。

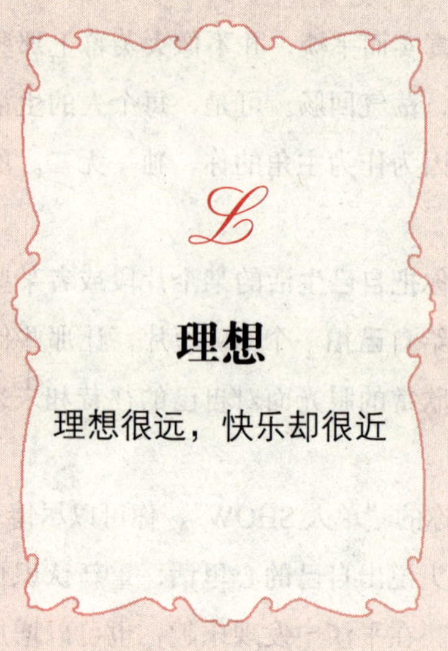

理想

理想很远，快乐却很近

录制 DV，自己导演自己的理想

真正的生活真实而平淡，并不像大荧幕上那些光鲜的明星演绎得那样跌宕起伏，荡气回肠。可是，每个人的生活都自有它与众不同的美与动人。因为作为主角的你，独一无二。所以每个人的岁月都值得珍藏。

如果有一天你把自己生活的某个片段或者某些故事融合在一起写成一个剧本，给自己拍一个 DV 短片，让那些你想留住的瞬间成为永恒，然后以欣赏的眼光面对自己的往昔和未来，会不会觉得很有意义呢？

这个短片是你的"单人 SHOW"，你可以尽情表现自己的喜怒哀乐，可以对着镜头说出自己的心里话，重新认识自己；可以展现某些日常生活场景，在平淡中发现乐趣；也可以增加其他角色，比如邀上亲朋好友，让短片中的你更加丰满而真实。总之，人物场景都由你选择。

这虽然是一个小的 DV 短片，但它照样可以有自己的剧本、摄像师和导演，不要小看了自己的激情和创意。艺术源于生活，我们习以为常的每一天其实就是最佳蓝本。把你想记录的某件事、某些人以及你想表达的感情写进剧本，再用适当的情节穿插衔接，不要以为这有多难，我们并不是要去冲击奥斯卡最佳编剧，这只是你的

随性之作而已。自己喜欢就好。

剧本写好后，接下来就是找一个合适的人来帮你拍摄了。在这个人面前，你要做到能够自然随意地表现自己，否则这个短片也就失去了原来的意思，这个人也就不是最合适的人选。如果负责拍摄的人具备一定的专业水准的话，那拍摄的质量就会更好了，因为他会懂得如何把握镜头、如何选择最佳的拍摄角度等。要是你认为没有必要再请其他人来专门担任导演，觉得这并不会影响拍摄质量，那么摄像师还可以承担一部分导演的职责，整体把握故事的发展脉络，为你和你的配角们的表演进行指导。

当然最关键的不是别人怎么导演怎么拍，而在于作为生活主角的你怎么演。虽然平淡，但是认真；虽然面对镜头，但是并不刻意。只要做到真实、自然、投入，这个短片就具有了收藏的价值和意义。

理想很远，快乐却很近

如何才能活得快乐？

卡耐基说：“我们在生活中获得的快乐，并不在于我们身处何方，也不在于我们拥有什么，更不在于我们是怎样的一个人，而只在于我们的心灵所达到的境界。”

亿万富翁不见得比平民百姓快乐多少，无知幼童却可能过得比鸿生大儒还要开心。其实，快乐只是一种内心的状态，是我们自己能够左右的对于外界的反应。不要怀疑，人人都可以活得快乐。

冰心说，希望便是快乐，创造便是快乐。

也就是说，快乐是我们自己可以创造的，并不需要等着谁来给予。

有这样一个故事，在一个鱼市场上，到处充满了欢声笑语。没有谁因为刺鼻的鱼腥味和繁重的工作而抱怨和愁容满面。十分不解的顾客问其中一个人这是为什么。

他解释说，几年前，这里的鱼贩子确实像其他鱼市里的人一样，不断地抱怨工作，脾气火暴，大家冲突不断，生意也越来越不好。后来人们发现这样下去不仅会影响工作，还会使自己对于生活越来越消极。

所以，大家决定不能再抱怨下去了，最好的解决办法就是在工作中寻找乐趣。于是，大家不断发挥创意，接二连三地想出好玩的点子，让工作变得越来越有趣。从此以后，这里终于充满了欢声笑语，幸福感写在每个人的脸上。

就像故事中的鱼贩子一样，我们也可以停止抱怨生活，创造属于自己的快乐。很多时候，一件很小的事情，就足以让我们拥有好心情。

不妨在马桶边放一本笑话书吧。早上起床后，可以一边上厕所一边看几则小笑话，不会占用我们其他的时间，却轻而易举地获得了一天的好心情。

悬崖上一小老鼠挥舞着短短的前爪，一次又一次跳下去努力学习飞翔，旁边的母蝙蝠看着它摔得头破血流，忧心地说：它爹，要不告诉它，它不是咱亲生的！

餐厅中，女：你到底打算跟我结婚吗？男的沉默。女：别以为没人要我，搞火了我马上就在这儿找个人嫁了！侍应生走过来：小姐你把本店的客人都吓跑了。

周末，爸爸把家里的小孩儿都召集到一起，然后说：现在我们来评选出这个星期最听妈妈话的乖孩子。谁是最听妈妈话的乖孩子啊？结果，所有的小孩儿都异口同声地说：爸爸！

开怀大笑之后，是不是觉得格外的神清气爽？心情好了，工作起来就更有效率。在家的时候，也可以随手翻翻，要想获得快乐就是这么简单易行。

没有财富、名誉、地位，都不可怕，真正可怕的是我们无法让自己快乐。在马桶边放一本笑话书，只是一个很简单的举动，却有着不一般的意义。就是要时刻提醒自己，创造快乐有很多种方法，马桶边的笑话书只是其中之一。

只要我们想要快乐，快乐就随处可得。幸福快乐并不是大把钞票或者豪华住宅，有时候，这些小事就是幸福。

1. 摸摸口袋，竟然发现里面有钱。

2. 早上起来发现下雨了，可以接着睡。

3. 发现手机上有几条未读信息，同一个人的。

4. 电话响了，你拿起听筒发现正是刚才在想的人。

5. 食堂阿姨给你加的菜分量比别人多。

6. 突然想起小时候最好的朋友的电话号码。

7. 你打算买的东西降价了。

8. 衣服上弄了污渍，但轻松洗掉了。

9. 把手指上的刺挑出来了。

10. 一下子将废物扔进了垃圾箱，太准了。

11. 清空电脑的回收站。

12. 换了张干净的新床单。

13. 排队时，你所在的队伍最快了。

14. 广告时间换了频道，返回来的时候节目恰好开始。

……

不是实现远大的理想才是快乐的事情，不是功成名就才是开心的事情，而是让自己每天都开心充实地生活，这才是最真实的理想。

选择一份让自己有兴趣的工作

举世闻名的美国发明家托马斯·爱迪生一生创造了大概两千项发明，除了留声机、电影、电灯、电话等，其创造还涉及建筑业、矿业、化工业等多个领域，是人类发展史上功勋卓著的伟人之一。他曾说过："天才就是1%的灵感，加上99%的汗水。"他的传奇一生正好为这句话做了最好的注释。成功源于努力和坚持，而要为某项事业献出一生，其源源不断的动力则来自于他对这项事业如火一般强烈的兴趣。很多人在从事某份工作的时候，很容易懈怠厌倦或者遇到一点困难就放弃，其中一个重要的原因就是这件工作不是他真正感兴趣的。兴趣是最好的老师，它可以让我们不需要鞭策就积极努力地学习；兴趣是优质的灵感催化剂，它经常会在意想不到的时刻为我们提供打破惯常思维的方式；兴趣是持久的动力加油站，它能够在我们遭受挫折时给予我们坚持下去的勇气和热情。总之，如果从事的是自己感兴趣的工作，这一路的奋斗，虽然辛苦，但总是会收获很多。做自己喜欢的事情，我们也更容易感到快乐，更容易获得成功。

1975年诺贝尔医学奖、生理学奖获得者戴维·巴尔德摩说过这样一句话："如果你要预测一个人是否成功，能否成为伟大的科学家，那么我认为很重要的方面就是乐在其中。"

到1994年，同为诺贝尔生理学奖、医学奖获得者的美国药理学家吉尔曼也说过类似的话，他说：“回想我的经历，我最想告诉孩子的是，你要做什么事情必须首先喜欢它，在做的过程中一定要感到快乐，这样的事情才值得去做。”

如果，你目前从事的职业不能让你快乐，而且尝试了很多办法还是不能喜欢上它，那么就勇敢地重新选择一次吧，这一次要选择自己感兴趣的工作。

因为，我们在面对不感兴趣的工作时，很多时候都难以全心投入，除了影响工作效率和质量，由工作产生的坏情绪还会影响到自己的生活。每个人都不应该成为工作的奴隶，没有必要为了它牺牲掉自己的幸福。

当你对新工作日益充满激情时，也许某一天就会突然发现，每天早上起床上班不再是一种折磨，而是一种幸福的期待。

选择自己感兴趣的工作，就是在选择一种令自己快乐的生活。

慢下来，感受都市“节奏感”

每天过着朝九晚五的生活，于同样的路线之中往来穿梭，做着与昨天类似的工作，就这样例行公事似的度过一天又一天，就算我

们当初有再多的激情和动力，都难免会被一点一滴消磨掉。

曾经那颗善于感悟生活之美的心灵也变得日渐麻木。可是，成功需要我们的激情与专注。如果，我们能够找回初出茅庐般的踌躇满志和意气风发，就会发现表面上一成不变的生活，其实有着丰富多彩的内在，只要我们重新去感受，重新去领悟。

关键不是今天有什么与众不同的事情要做，而是我们以一种全新的姿态去迎接新的一天。改变以往百无聊赖、委靡不振的状态，就会发现生活中其实处处充满着惊喜和愉快。

就让这种改变伴随第一缕阳光的升起开始照亮我们的生活吧。

不像以往那样赖床，按时起来，从容不迫地洗漱，再吃一顿营养健康的早餐。然后打开大门，神清气爽地和今天的阳光来个早安吻，微笑着告诉自己，今天心情很好，干劲十足，一定可以把什么事情都做好的！

如果你是上班族，那就像一个新人那样满怀激情和憧憬地走进办公室吧。也许这份工作你已经做了很久，有些厌倦，但成功正是寓于这一点一滴的重复和累积中的，再加上你的热情、努力以及对成功的强烈渴望，就能够更好地完成工作，干出业绩。

如果你所做的是打理好一个家，照样可以一边哼着自己喜欢的曲子，一边拖地、做饭、洗衣。不要小看了自己所做的这些家务，因为正是有了你筑造的这个温暖港湾，在外打拼的他们才能够放松下来，为第二天的奋斗养精蓄锐。

你的激情四射和愉悦心情会像阳光般洒满整个房间，让身边的人感受到活力和快乐。

这样的改变是如此美好，可不能只有三分钟热度。也许你会有偶尔的恍惚，怀疑自己此刻的状态，甚至惰性袭来，又想把自己打回原形。这个时候，一定要及时告诉自己，只要坚持下去，就是胜利。

不管这件事情你做得是否成功，至少你收获了充实、愉悦和幸福。记住这种充满激情的状态，随着这充满活力的节奏舞动，你会发现，生活原来是这么美好，丰富又多彩。

我们需要过有节奏的生活，时不时地提醒自己要忘记自身的优点优势，就像给我们的节奏生活插播公益广告一般。

不是不允许你自信，而是许多时候，我们不是跌倒在自己的缺陷上，反而是跌倒在自己的优势上，因为缺陷常能给我们以提醒，而优势却常常让我们忘乎所以。

哪一件事是你自认为很容易办到的，可能平时你都没有用心去做过，那么今天就以一种平静的心态重新审视一下这件事，然后像对待其他有挑战性的事情一样用心去做，并且一鼓作气地坚持到底。

你可以学习弹奏钢琴。

你可以学习插花。

你可以学习打太极拳。

你可以学习……

各种你之前从未想过的东西都可以学习，当你逐渐将这些融入到你的生命里，你就会发现，你的生命正在有着质的转变。

网上有句话说得很好："工作的8小时，决定了你的专业知识、你赚钱吃饭的能力，以及你支撑你成为一个社会人的全部支点。

而工作外的这 8 个小时，才能真正决定你究竟会成为一个什么样的人。”

让自信的小宇宙燃烧起来

很多人不是没有自己独特的想法，而是缺乏将自己的想法表达出来的勇气。没有表达就没有交流，没有交流就无法彼此了解，缺少了解也就难以共同进步，难以共同进步，世界也就不会和谐。

若是人类有一天无法交流沟通，那么人类文明的发展将会面临严重的阻碍。也许你会认为自己的想法没有多少了不起之处，是否表达出来上升不到文明发展的高度。是的，很多时候，我们都只是平凡普通的。但是，每个人都有不同的生活经历，都形成了属于自己的生活智慧。

这一套与众不同的生存哲学，总有自己的闪光之处。说出来，也许就能带给他人些微启迪。即便没有，至少你勇敢说出了自己的心声，这份勇气和自信就足以鼓舞他人。在热闹场合进行一次演讲，不一定就是为了宣传某种思想，谋取什么利益，有时就只是简单地为了挑战自己，锻炼自己的胆识和口才而已。

疯狂英语的创始人李阳从小也是个不爱说话的孩子，但是自从

他下定决心在众人面前勇敢开口后，他的生活就发生了翻天覆地的变化。

汗水是成功的润滑剂。

如果你竭尽全力，你就不用担心失败。

能量和坚持可以征服一切事情。勇敢永远不过时！

回头的人永远到不了最高峰！

适当的准备能解决生活中 80% 的问题。

胜利者做失败者不愿意做的事！

每一个伟大的工程最初看起来都是不可能做到的！

这是他对所有不自信的人说的。

无须为没有勇气当众演说而羞愧。在美国这样一个极度重视言论自由的社会，就连总统竞选都要采取演说的竞争方式。可是多年前的一项调查数据显示，美国人最害怕的不是死亡，而是当众演说。

所以，站在众人面前大声地说出自己的想法，似乎是大多数人的恐惧。如果，你可以克服这份恐惧，就是对大多数人也是对自己的超越。

有这样一个故事，一直为人们津津乐道。一个出生于贵族世家的小男孩由于口吃老是被同学和老师嘲笑打击。而这个小男孩偏偏有着非常强烈的自尊心。有一天，他郑重其事地对父亲说，长大后自己要成为一名演说家。

为了实现这个诺言，小男孩付出了艰苦的努力和长久的坚持。他总是站在镜子前不厌其烦地演讲，观察自己的表情、仪态等，以便最大程度地吸引并感染听众。

但是他明白自己的最大障碍在于天生的口吃，于是他绞尽脑汁要让自己变得伶牙俐齿。他的方法就是在嘴里含一块石头，对着大海大声说话，一遍一遍逐个音节地纠正自己的发音。

最后，皇天不负苦心人。他不仅成为了世界著名的演说家，还在“二战”时期临危受命，带领英国人民取得了战争的胜利。他就是大名鼎鼎的英国首相——丘吉尔。

从丘吉尔的故事里，我们能够得到很多启示和鼓励。其中之一就是，难道对于站在众人面前的恐惧比天生的口吃缺陷还要难以克服？

只要你下定决心，勇敢地给自己一个表达的平台，总会有善良的人们竖起好奇的耳朵聆听。这段演讲，你面对的不止是听众，还有已经被你超越了的自我。

一个人走夜路

你注意到了吗？走在城市的大街上，与我们擦身而过的行人总是行色匆匆，疲于奔命。也许你根本就没有注意到吧，因为很有可能你也是这奔波忙碌的人潮中的一员。

城市的生活节奏越来越快，日益压缩着我们休闲娱乐的时间，

让我们没有时间看看蓝天，没有闲暇闻闻花香，浪费了一日好春光。

我们真的应该试着让自己慢下来了，“慢城市”作为一种新兴的城市模式正在悄然兴起，只不过一切都需要一个慢慢来的过程，什么事都不可能一蹴而就。也许现在我们仍然不可能有充足的时间惬意地享受一杯下午茶，不可能悠闲地一边驾车一边欣赏城市里美丽的风景，那么就尝试一次一个人走夜路吧。

这个时候，拥挤的人潮已经渐渐散去，车水马龙的喧嚣也在夜色的安抚下宁静，不用再惦记着白天的工作，也无须着急回家，你只是慢慢地走着，如同散步一般，享受一次“慢生活”。

决定了今晚要一个人走夜路回家吗？那就先给家人或者同住的伙伴打一个电话吧，不要让他们担心。也许你会害怕，那么这正好是一个锻炼自己胆量的好机会。你可以戴上耳机，聆听自己喜欢的音乐，或者把这座夜色中的城市当做你的舞台，尽情地唱出心里的歌曲。

音乐可以消除我们的恐惧，让我们的内心柔缓平静下来。或者你也可以欣赏一路走过的风景：闪烁的霓虹、有创意的特色小店、和你一样在此时回家的路人……只要我们留意，生活中处处皆美景。

就这样，一个人静静地行走在夜色中，没有任何人打扰，整座城市都仿佛为你留出了想象和思考的空间。那些白天因为忙于工作而无暇顾及的事不正好可以在这个难得的时刻想一想吗？

你可以带着无限留恋追忆过去的时光，可以心满意足地享受今日的拥有，亦可以充满期待地憧憬自己的梦想。此刻，你就是这夜色中的精灵，可以插上思想的翅膀自由飞翔。

当“慢城市”还没有整体形成的时候，我们可以先让自己的心一点一点慢下来。一个人走夜路，你会发现和白天不一样的风景。

将人生放置在这些美丽的地方，你还会为一些平日里的烦恼而苦恼吗？不会了，人生，有时真的需要停下来享受。

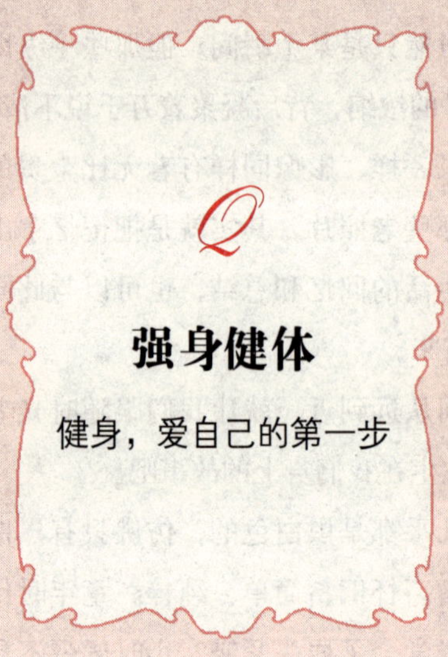

Q

强身健体

健身，爱自己的第一步

告别健忘：清点老照片

照片定格的虽然只是某个瞬间，但那些一纵即逝的转瞬之间却是无数个漫长岁月的浓缩，背后凝聚着万千说不清道不明的故事。

和文字的记录一样，影像同样有着无比宝贵的珍藏价值。抽个时间，整理整理那些老照片，其实就是把记忆拿出来在阳光下翻晒翻晒，有对过往生活的回忆和总结，也可以与此同时审视自己的现在和憧憬美好的将来。

照片上的时间从远到近，就让我们跟随时光老人的脚步去倾听从孩提时代起就发生在我们身上的故事吧。

早期的照片几乎都是黑白色的，仿佛只有黑白色调才能为那个年代做最好的注解，怀旧、简单、纯粹。童年时代笑得像花儿一样的脸，在什么时候学会了眉头紧皱？小时候爱不释手的玩具又从什么时候起落满了岁月的尘埃？这些或许都能在老照片里找到答案。从童年到少年、从青年再到中年……

有那么多的“第一次”，也有那么多的跌倒与从头再来，里面布满了成长的痕迹。你可以清楚地看到自己来时的路。想起那些成长必须付出的代价以及得到的收获，或许会涕泪交加，或许只是会心一笑。不管怎样，我们手里握着的只是一张单程票，过去了就无法重来，所以没有必要悔恨，关键的是过好现在。

照片里记录的不止是你自己的岁月，还有他人的人生，比如父母和朋友。你会发现，在不同的时期，你身边的人会有所不同，也许是芳华不再，也许是从此离开。

父母用自己的青春岁月滋养了我们的人生，我们能做的，除了好好孝顺他们以外，还可以在这些老照片里重温逝去的时光。而缘分也注定了有些人只能陪我们走漫漫人生路上的一小段，分道扬镳之后，不是从此相忘于江湖，而是在记忆里永远有他们的一席之地，只不过由于现实的原因，可能很难再聚首，那就看看旧照片，相见不如怀念吧。

“年年岁岁花相似，岁岁年年人不同。”所以这些老照片才有了如此意义非凡的价值。也许过去的一些事情会令你刻骨铭心，但有可能你已经忘记，都没有关系，照片就是岁月最忠实的记忆。

翻开箱底的相册，触摸那些泛黄的老照片，过往的情怀一一泛起，在静谧的夜晚，为自己制造当下的过去。

看着照片中的自己和故人，似乎岁月真的从未留下痕迹，你们还依然年轻。不要让自己忘记曾有过的那一段火热的青春记忆。

清除身体毒素＝素食＋水果

当我们在钢筋水泥的世界里往来穿梭，在人来车往里奔波忙碌，在工作与娱乐这两种状态中不停转换时，是否意识到，我们的身体其实积累了很多毒素。

大街被灰尘和汽车尾气弄得乌烟瘴气，令行走在其上的我们无处躲避。来自于工作的巨大压力，以及时不时的熬夜加班，让我们的身体也不断地连续工作。本来以为假期可以令身体得到休息，可是很多人却得了"假期综合征"，感慨着休假也没比工作轻松到哪里去。还有各种各样不健康的生活方式也在摧毁着我们原本强健的身体，比如随便用各种高热量、高脂肪却低营养的垃圾食品填饱肚子；在电脑面前一坐就是好几个小时，长时间遭受电脑辐射的侵害；没有规律的运动，身体缺乏应有的锻炼；和朋友聚会，免不了的纵饮狂欢……

久而久之，身体的负荷超载，产生的毒素无法通过正常的新陈代谢排出体外，变成了一颗定时炸弹时刻威胁着我们的身体健康：莫名其妙地头晕脑涨、脸上痘痘此起彼伏、皮肤暗淡无光、失眠、便秘、肥胖、情绪低落等。要回归健康的生活，首先就要给我们的身体排排毒。

告别平日里那些油腻的大鱼大肉，让自己做一天的素食主义者。

素食不仅低碳环保，更对我们的身体有极大的好处。据德国的一项研究表明，偶尔才吃肉的素食主义者，比一般人患心脏病的概率低2/3，患癌症的概率低1/2。水果的营养价值极其丰富，与各种蔬菜搭配食用，更有助于人体健康。长时间坚持下去，经常用这种简单健康的方法给自己排毒，身体会越来越轻松，心情也会越来越舒畅。素食＋水果，将会让我们散发由内而外的美丽。

这是一些关于健康的四季养生食物，会让你越吃越健康。

春季养生食物：蜂蜜、大米、红薯、芋头、红枣、土豆、春笋、韭菜、西洋参、党参、黄芪、鸡肉、鸡蛋、瘦猪肉、猪肝、樱桃、龙眼、苹果等。

夏季养生食物：苦瓜、莲子、百合、芹菜、西红柿、莲藕、黄瓜、冬瓜、南瓜、紫菜、菠菜、海带、银耳、葡萄、西瓜、鸭梨、杨梅、草莓、桃子、山楂、绿豆、赤小豆、小米、鸭肉等。

秋季养生食物：大麦、黑豆、芝麻、豇豆、荸荠、萝卜、莲子、银耳、人参、沙参、麦冬、海带、糯米、鸭子、梨、柿子、甘蔗、

菠萝、香蕉、杏仁等。

冬季养生食物：白萝卜、山药、大白菜、红薯、香菇、核桃、板栗、松子、花生、葵花子、芝麻、黑豆、黑米、羊肉、辣椒、大枣、枸杞、木耳、梨、甘蔗、橘子等。

这些食物并不是罕见难得的，只要平时注意饮食均衡，拥有一个清新健康的好体魄，一点也不是难事。

健身，爱自己的第一步

在新事物层出不穷的今天，“乐活”（LOMO）成为了一种新兴的生活方式。它从西方传来，其核心理念就是追求“健康、快乐、环保、可持续”。这既是对自己的关爱，也是对地球母亲的关爱。

乐活族们会吃健康有机蔬菜而不是垃圾食品，会充分利用二手物品而不是铺张浪费，当然更少不了的是定期健身而不是做“沙发土豆”。热爱运动，崇尚健康，是乐活族们积极倡导的一种生活主张。

健身有很多的好处，不仅能够让我们身体各方面的机能更健康，还有助于缓解心理压力，保持心情舒畅。

比如，健身可以促进血液循环，加快新陈代谢，增强人体抵抗力，让我们时刻保持充满活力的身体状态。

在健身的时候，我们的大脑会产生一种名为内啡肽的物质。这是一种有益激素，在活跃我们神经的同时，改善记忆力。

健身促进心理健康的作用也不可小觑。哈佛大学曾进行过这样一项研究，组织一批抑郁症患者尝试运动疗法。

在经过一段时间的坚持后，实验者发现，这些患者的抑郁症状明显减轻，其效果甚至超过了由来已久的心理咨询疗法。可见运动对于压力越来越大的现代人的正面意义是多么非比寻常。

只要有机会，我们都应该尽量参加各种锻炼。要是有足够的时间，到健身房去锻炼是种很不错的选择。

那里有着各种丰富的器材，什么胸前拉力器、蹬腿器、跑步机、动感单车等。还有专业的健身教练给予指导和帮助，让我们的锻炼更加科学合理。如果觉得去健身房麻烦，也有很多运动适合在家里

或者借助小区的健身设施完成。比如跳绳、打羽毛球、慢跑等。只要你愿意，哪里都可以作为合适的运动场地。

例如，可以抽出假期中的几天时间，进行一次远足，徒步、骑车都可以。在那些醉人的风景中，感受生命的活力。

健身有益健康，但必须有一个合理的频率才能达到最佳的健身效果。以每周至少三次，每次半个小时为宜，运动量过少可能达不到健身的目的，过多则可能会造成机体损伤。

健身是我们热爱生活、热爱生命的一种方式，就让我们每一个人都享受乐活一族般的快乐健康生活吧。

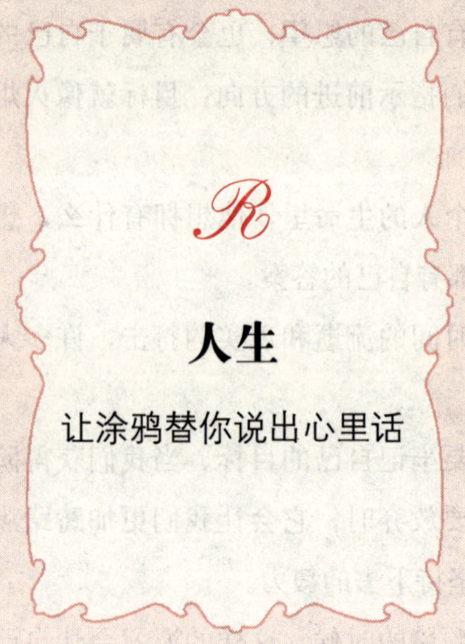
R
人生
让涂鸦替你说出心里话

人生目标——温故而知新

每个人都会有自己的愿望，也会有属于自己的人生目标。目标就像灯塔，为我们指示前进的方向；目标就像火炬，为我们照亮脚下的道路。

其实，在每个人的生命里，他想拥有什么，想要成为什么样的人，相信每个人都有自己的答案。

只不过随着时间的流逝和现实的打击，许多人渐渐丢失了这份坚持。

不要这样，要牢记自己的目标。当我们获得阶段性的成功，遇到挫折，或者想要放弃时，它会让我们更加踌躇满志，给予我们战胜困难的勇气和坚持下去的毅力。

当我们处于顺境的时候，这样的温习会让自己对未来更加充满信心。回顾这段时间所取得的成绩，发现自己离目标越来越接近时，我们的大脑会因为这每一次的成功或者进步而产生一种叫做“内啡肽”的激素，它能兴奋我们的神经，让思维更活跃，更具有进取的动力和创造力。

如果一切进行得不是那么顺利，温习目标就是对我们的鼓励。

1996 年亚特兰大奥运会男子十项全能冠军得主丹·奥布莱恩对于成功有自己的一套方法，虽然简单，却帮助他坚持到比赛的最后

并且摘得桂冠。那就是把自己的目标写在一张纸条上，然后随身携带，时不时地看看它，不断提醒自己、激励自己。

也有很多选手像奥布莱恩一样列出了自己的目标清单，可是却没有人像他一样时刻温习自己的目标，只是让它们停留在纸面上。

经常温习人生目标，进行积极的自我暗示，我们就能够不断增强成功的信心，不懈怠，不放弃。

不管陷入多大的困境，想想《飘》里面说过的这句话、“After all，tomorrow is another day.”（无论如何，明天又是新的一天。）一切艰难困苦都会过去，我们要相信自己、相信未来。只要不放弃目标，不断努力，付出的一切都会得到应有的意义。

温习人生目标不过是举手之劳，你可以把自己的目标写在一张纸上，然后随身带着，走在回家的路上、等电梯的时候……你都可以把目标清单拿出来看看。这样你就可以时刻提醒自己不要忘记努力的方向。

让温习成为一种习惯，也许在每一次的温习里，就能够发现新的力量。再高的山，都会在我们一步一步的坚持下，变得渺小。

网络上红极一时的青春系列电影《老男孩》受到了众多网友的热捧，这些粉丝中，大多都是人到中年，忘却或者丢弃最初坚持的人。在电影最后的歌曲中，沧桑而坚硬的歌声是否能够让他们重新找回最初的目标，看到人生一开始他们为自己设计的蓝图？

“生活像一把无情刻刀……我有过梦想……只剩下麻木的我没有了当年的热血……”这是当下许多人的想法，但其实，是让生活把你雕刻，还是你去雕刻生活，这主动权，是掌握在你的手中的。

如果阅读能陪你远行

举世闻名的法国思想家、文学家罗曼·罗兰曾说过：“和好书生活在一起，我永远都不会叹息。”

可见，一本好书有着多么迷人的魅力。

如果把我们的心比做狭窄的溪流，那么整个人类的思想和智慧就是无边无际的大海，而一本好书，就是一艘远洋巨轮，载着我们打破心的藩篱从小溪驶向大海；如果把对知识的探索比喻成在无星无月的黑夜里的跋涉，那么一本好书就是熊熊燃烧着的火炬，为我们照亮前进的道路，让我们可以大步流星地往前迈进而不怕迷失方向。

书籍，是知识的结晶，是智慧的凝聚，正所谓“一砂一世界，一花一天堂”。捧着一本好书，如同与一个好友、一位智者促膝长谈，它会带我们进入那些未知的领域，让我们的视野更广阔，思维更深邃。

古语有云，书中自有颜如玉，书中自有黄金屋。那个大千世界，有激越，也有深沉；有欢笑，也有悲号；有狂风骤雨，也有细水长流；有长河落日，也有大漠孤烟；有美人如玉，也有英雄气短……有些文字，作者以死来句读，比如《红楼梦》，所以需要读者用灵魂来解读。读一本好书，是对思想和灵魂的修炼。

不在山中，我们一样可以体会“送花酿酒，春水煎茶”的淡定雅致，只需一壶清茶，一本好书。你可以坐在书房里，也可以独坐于树下。在书香缭绕，茶气氤氲中，心情随着书中情节的跌宕而起伏，喜怒由着人物命运的变化而转换，你的投入和专注会带你进入另外一个世界，冲破现实的局限，体会更加多姿多彩的人生。

如果你喜欢，当然可以在读书时，放上动听的音乐。一本好书，总能在音乐的殿堂里找到知交，文学与艺术本就不分家。

读博大精深的托尔斯泰，你可以邀上深沉博爱的贝多芬陪你前往；要体会福楼拜的细腻精确，怎么可以少了巴赫的细致幽婉；瓦格纳的桀骜奔放，正好可以配合鲁迅所书写的爱憎分明……

你可以插上音乐的翅膀，也能够拉起文学的风帆，自由自在地驰骋在思想的世界里，理清思绪，安宁内心。

所以，阅读吧，让书带你的心灵走最远的旅程。

让涂鸦替你说出心里话

岁月是最伟大的雕刻师，它在我们的脸上心上刻出生活的痕迹。你的一颦一笑，内心的一怒一喜，都是这位雕刻大师的心爱之作，可能不完美，但是最合适。当漫长的20年过去，再回首今时今日的

自己，我们应该已经能够理解当时生活给予的苦痛打击，珍惜它赐予我们的幸福点滴了吧。很多人的心态可能都已学会释然，和生活握手言和。而看着20年前的自己，或许年少轻狂，或许踌躇满志，或许天真地相信梦想，有很多个或许。不管怎样，当你能够看到20年前自己写给自己的真心话时，回首来时的路，也许你就会明白那时和今日的自己。

既然是真心话，就不要有任何的伪装和矫饰。带着一颗真诚的心，用最随意的信笔涂鸦的方式，记录下最真实的内心和现实。不是考试写作文，给你定死了题目和时间；也不是正式的工作信函，必须要有慎重的言语和字迹。这只是你写给自己的东西，可以天马行空，也可以郑重其事，只要你喜欢就好。

说的这些真心话，都是体己的，源于内心深处那个真实的自己。你可以告诉20年后的自己，此时此刻梦想和现实的差距。成功与失败更替，开心和痛苦交织，心灵就在这样的反复打磨中变幻棱角和风度。20年后，你再看，或许就能够看到钻石般的闪光。

20年后的自己是否还相信爱情？你可以告诉他现在的感情经历。某次浪漫的烛光晚餐、某场激烈的矛盾争执、某个信誓旦旦的承诺誓言、某段刻骨铭心的红尘往事……

不只是爱情的重量会压得人们喘不过气，亲情更是生命中的不能承受之轻。也许我们都应该提醒自己，好好孝顺父母，多关心一下自己的亲人，不要让20年后的自己独自咀嚼“树欲静而风不止，子欲养而亲不待”的遗憾。

想到哪里就说到哪里，你写得越是随意就越是真诚，20年后，

你再看时就越是痛快淋漓。写完之后，你将会感到如释重负的轻松与惬意。希望此时的你和20年后的你，都能在这场涂鸦中感受到幸福的温度。

随意地涂鸦自己心里想说的话，不怕被人笑话，不怕被人不理解，因为这都是你内心最真实的想法。

你可以写进信里的东西有很多，源于你的生活、你的内心世界，不一定能够感动别人，却肯定能够打动自己。

想着数十年后，在你已经忘记这回事的时候，忽然收到了来自于过去时光中的来信，那时，一切过往片段，都会在你脑海中纷纷涌现出来吧？

你打开信封，熟悉的笔迹，熟悉的心情，重拾过去，这该是怎样的一种心情……

体验一次离别

“长亭外，古道边，芳草碧连天。晚风拂柳笛声残，夕阳山外山。天之涯，地之角，知交半零落。人生难得是欢聚，唯有别离多……问君此去几时还，来时莫徘徊。天之涯，地之角，知交半零落。一壶浊酒尽余欢，今宵别梦寒。”

李叔同用一曲幽幽《送别》，唱出了好友之间的别离之苦。除了朋友之别，还有与爱人分离，与亲人再见。柳永三步一回头地沉吟着“多情自古伤离别，更那堪、冷落清秋节”的凄楚曲调与心爱之人“执手相看泪眼，竟无语凝噎”，这番场景穿越千年时空依然感动着现在的人们。

相爱中的离别总是会在人们心里留下刻骨铭心的思念痕迹。而与父母的分离也许是我们人生面对的第一次“打击”。小的时候只知道在和妈妈分开的时候号啕大哭，仿佛对什么都不管不顾了，等到长大后才终于能够体会到“慈母手中线，游子身上衣”的款款深情与思念。总之，人世间有多少种情感，就有多少种离别。很多时候，离别了，我们才开始回忆，才懂得珍惜。若是相聚时，就抓住每一个机会和身边的人好好相处，而不是去忽略甚至伤害，那么不必要的遗憾就不会有那么多了吧。不妨抽个时间，去体验一次分别，虽然不是我们自己的，但那些含情脉脉的场面依旧会勾起我们的怀念，让我们学会珍惜。熙熙攘攘的车站和飞机场每天都在上演着有关离愁别绪的电影。有的人紧紧地拥抱在一起，舍不得分离；有的人在列车开动了还跟着跑，只是为了说完那些讲了一遍又一遍的叮咛，有的人久久地站在机场大厅里，一直到飞机起飞再也看不到还不愿意离去……

这些人里面，有热恋中的情侣，有情深意重的好友，也有挂念孩子的父母。也许某一个场面就打动了你，让你想起了自己当初离开时的林林总总。

于是不自觉地回忆起当时那些人对你的好，还有自己的身在福

中不知福。此刻在他人的分别里，你终于学会了如何去爱。那么，或许你可以给挂念着你的人打个电话，告诉他们你的思念，还有感激。抑或，不用急着让他们知道你的此番感悟，只需要在下次相聚的时候，好好珍惜。体验一次别离，是为了下次更好地相聚。

问卷，调查你的弱点

人是群居动物，不可能脱离他人而独自生活，更加不可能没有别人的帮助而获得事业上的成功。

透过他人，我们可以看到自己的一言一行会激起怎样的反应，从而更清醒地认识自己。通过与他人的对比，我们能够看清自己的不足和优势，从而提升能力，完善自我。与他人真诚坦率地交流，有助于消除人与人之间的隔膜，融化这个世界的冷漠。

总之，与他人坦诚相待，不仅能够让我们更好地实现自我的价值，更能让生活变得温暖和睦。

对于朋友，我们更加不用刻意掩饰什么，即便是自己的弱点、缺陷，面对挫折的懦弱以及失败时的窘迫。

当局者迷，旁观者清。有时候，作为局外人的他们往往能够比我们更能看清问题所在。要是征求他们的意见，无疑将有助于我们

改正错误，提升自我，并且最终获得成功。不妨做一份自我弱点问卷调查，和朋友一起对自己进行一次性格上的解剖。

不要觉得在朋友面前袒露弱点会很没面子，“金无足赤，人无完人”，没有谁会笑话你的缺点。

相反，你的坦诚和谦虚将会赢得朋友们的尊重和信赖，你们的友谊也会因为这次调查而更加深厚。

朋友们作出的评价和建议可能客观，也可能有失偏颇，这就需要我们自己的判断。一方面要虚心接受他们的批评和指正，另一方面也要客观公正地评价自己，不要丧失了对自己的信心。

探讨结束以后，最好拿出纸和笔，把结论和朋友们对你的忠告记录下来，作为行动的指南，时时提醒自己改掉缺点，向更好的自己发展。

任何一个人都有自己的优点和缺点。如果过分在乎缺点，就会使一个人失去信心；但如果不客观地找出自己的缺点，又难以全面地了解自己。

这个调查问卷可以让你更清晰地判断出自己在哪方面有缺失。

1. 当你的一个不太熟悉的朋友系着一条并不太适合他的领带却自我感觉良好地对你说：“怎么样，还可以吧！”这时你会如何回答？

A. 坦率地表示“不怎么样”

B. 笑而不答

C. 说“不错”

D. 说“不错是不错，不过上次那条更好看”

2. 你和异性朋友约会时，当他（她）好像很无聊的样子而保持

沉默时，你会说：

A.“回去吧！”

B.“怎么啦？是不是心情不好？”

C.“想去散步吗？”

D.“是不是我让你感到很无趣？”

3. 有人恶作剧地在一个男人背后贴了一张写着“浑蛋”的纸条，那个男人却没注意到，这时你会：

A. 趁他不注意悄悄地把纸条拿下来

B. 充满好奇地跟身边的人说：“你看！”

C. 提醒那个男人：“脱下你的西服看看！”

D. 不吭声，装作没看见

4. 当你和男（女）友交往时，父亲劝你：“不能跟那种男（女）人在一起，赶紧分手！”面对这种情况，你会说：

A.“他（她）是个不错的人，希望爸爸能了解他（她）。”

B.“我也正想和他（她）分手。”

C.“不用你管，我自己会负责。”

D.“好的，我会好好考虑一下。”

5. 在婚礼的前一天中午，昔日的男（女）友突然出现，对你说：“我仍然爱着你！”并向你提出要求，这时你会：

A. 为难或不知所措

B. 答应对方的请求

C. 将其痛骂一顿

D. 断然拒绝

将这五道题目交给你的朋友们填，看他们会认为你在面临这五种情况时，会做何选择。选择数目最少的那一种，就是你的类型。但是，如果有两个以上数目相同的话，那就是类型 E 了。

A. 缺乏同情心

B. 缺乏热情

C. 下不了决心

D. 不够慎重

E. 太过理想主义

安顿好你的内心

网上有这样一段视频，是关于两个人从中国一路搭车去柏林的回顾，虽然乐趣多多，但也困难重重。

许多人看完视频后对此不以为然，他们觉得这两个人卖了家当，辞去工作，离开家乡，千里迢迢地一路颠簸跑去柏林，真是吃饱了撑的。

而且，他们还要搭乘陌生人的车，这是一件多么危险的事情，为了一时的小冲动，就将自己置于危险而又未知的境地中，真是不值得。

但他们自己觉得很值得。

他们对自己的这次疯狂举动说了这样的一段话："好多时候，我们都宁肯在熟悉的环境里忍受着，而不敢走入未知的世界。有时候真的应该把手头的东西放下来，主动走出自己的安全圈子。走入未知的世界里，其实这个世界是一个很美好很美妙的世界。有些事情，你现在不去做，那么你这一辈子都不会去做了。尽管人最后都会死去，但是就要先看现在，看眼下怎么活了。"

有时候，我们之所以感到活着太累，并不是因为我们没有金钱，没有地位，更多的原因在于，我们有太多放不下的东西了。

想要休假，放不下公司里手头的那些工作。

想要去参加孩子的家长会，放不下眼前大屏幕上的股票信息。

想要给爱人一个惊喜，放不下当前的客户会议。

放不下……放不下……最后你就只能是按照生活所牵引的那样去走，而不能够按照你心所想的那样去活了。

这样的生活，还有什么意思呢？

如果不能放下，那你就永远不能得到你想得到的东西。其实，改变也是一种勇气，很多时候，改变是需要内心的力量的。都说看不到未来的日子长什么样子，这样活着才够刺激，可如果你正生活在一条一望无垠的大道上，顺着这条路，你都能看到你死亡的时候在做什么事情，这样的日子，还能激起你内心的欲望吗？

所以，是时候改变了，按照你自己的心意去做，不管做什么，只要是你内心渴望的事情，都不要为了一些所谓的理由而犹豫了。

但是，**遵循内心意愿的前提是：独立，永远**。**不管是金钱还是感情**。

这是唯一的告诫。

放下面子，勇敢说"NO"

还记得在那已经远去的童年时代，小孩子就是爱的中心。身边的大人们总会想方设法满足我们的要求，即便有时候这些要求有些无理和幼稚。而对于我们不想做的事，不仅心里有十二分的不情愿，嘴上或者行动上还会明确地表现出来，把嘴撅得老高或者大哭大闹一场以示拒绝。可是，不知道从什么时候开始，我们学会了服从、

接受和忍耐，甚至有时候这样的顺从是以牺牲自己的原则为代价的。有的人会说这就是我们面对生活时所不得不采取的生活态度。一句“人在江湖，身不由己”表达了多少没得选择的无奈和心酸。渐渐地，我们似乎越来越习惯于压抑自己的需要，去满足别人的要求。

父母有时候会代替我们作出很多重要的选择，甚至包括选择什么样的职业和另一半。因为我们知道他们的用心良苦，所以很多人虽然不情不愿，也还是勉强接受。生活中的那些朋友们，会时不时地需要我们的帮助，可是当有些事情涉及自己的原则时，碍于交情和面子，很多人尽管心里不愿意，嘴上却还是说不出那个“不”字。工作中这样的事情就更加习以为常了。这里更多的是合作的伙伴，是由利益组成的交集。所以，某个同事也许会看你好说话，一而再、再而三地要求你替他做一些本来就该他自己完成的事情，即便你也有一大堆的工作要做；老板可能会一连好多天都要求你加班，即便今天你真的有很重要的事情必须参加。你总是说好好好，心里却是难受加委屈，甚至有些愤怒。可是下一次，他们还是老样子对你，你也还是老样子对自己，不会拒绝。学会拒绝，不管对方是多么难以拒绝的人。

每个人都有做自己喜欢的事情的权利，每个人也都有明确地表达自己的好恶，作出自己选择的自由。一味的妥协、忍让、接受，也许能够避免暂时的冲突，却无法消除不幸福的阴霾。有谁能够在勉强自己的过程中觉得幸福呢？你一厢情愿地做着生活的老好人，生活也许并不领情。你看有哪个成功者是唯唯诺诺，不敢说出自己想法的人？不会拒绝的人可能恰恰拒绝了幸福和成功。

我们不只是要对难以拒绝的人说不，也要学会对生活中的种种诱惑说不。名誉、地位、权力……应该以正确的方式去获得，而不是过分地不择手段地去追逐。适时地对它们说不，人生才能多一些纯粹，少一些复杂，多一些幸福，少一些不满足。

懂得拒绝，并不等于拒绝给他人以帮助，对自己的利益锱铢必较。在拒绝时，要有周全的考虑和理智的衡量。既要做到维护自己的利益，又要不伤害他人的感情。其实，只要我们的理由是合理的，便是问心无愧的。

就让我们减少那些不必要的负累，多去享受人生吧。对难以拒绝的人说不，这是一门生活的智慧和艺术。拥有了这份智慧，掌握了此种艺术，我们就将迎来更加自由洒脱的人生。

浮云是“神马”，快乐是王道

房奴、车奴对我们来说早就不是什么陌生的词汇了，现实赋予了这简简单单的四个字过于沉重的意义。

衣食住行，构成我们生活的方方面面，其中房子和车更是占据了重要的位置。虽然，它们能够带给我们不小的物质享受，但是要得到它们，却要付出更大的代价。

放眼望去，有无数人成为了房子和车子的奴隶。没房没车的人拼命赚钱，想要早日实现买房买车的梦想。

为了这个单一的目标，不惜牺牲更多更有价值的人和事。想想看，有多久没有回家陪陪父母了。别说最寻常不过的同桌吃饭聊天，很多人为了赚钱甚至连一年一度的春节也牺牲了。爱人本是我们生活和灵魂的双重伴侣。可是我们要么是忙于加班，要么是疲于应酬，根本没有时间去寻找自己的另一半，或者找到了也只是说累而没有时间陪。更无奈的是，我们连自己都没法好好爱护。说到吃饭就是用各种快餐打发，经常加班到深夜，要么就是因为担心工作而失眠；缺乏规律的锻炼，身体健康每况愈下。总之，我们付出了太多，为了房子和车子，而忽略了快乐。

就算最后拥有了属于自己的房子和车子，接下来又是每个月按时要缴纳的按揭贷款。这债一背就是好多年，心里也只怕难以轻松。

其实，我们买房买车不就是为了活得幸福快乐吗？既然如此，为什么不一开始就快快乐乐地活？

人生百年，终有一死，这些身外之物又带不走，何必那么执著？不是说，为了买上房子和车子而奋斗就是错，只是说，在这个奋斗的过程中，我们不能够因为这些物质的东西而牺牲了亲情、爱情和友情，更加不能够迷失了自我。

多抽出点时间来关心那些爱你的和你爱的人，也多拿出点精力来和自己的内心对话，让自己的精神世界获得安宁。房子和车子都是浮云，只有快乐才是王道。

拨快手表指针

如果说这个世界上，有什么东西对每个人来说都是绝对的公平无情，不会因为拥有财富的多少、地位的高低、声名的大小而对任何人偏爱垂青的话，那么这件东西一定是时间。每个人的一天都只有 24 个小时，不过 1440 分钟而已。时间的长度相同，可是懂得珍惜时间的人，却会更加合理地有效率地利用时间，将自己时间的宽度努力拓展。

把一天的时间根据工作或者学习的要求分成好几个部分，在各自规定的时间里完成计划的事，是不错的合理利用时间的方式。但是，这种方法由于其严格的限制性，比如没有在相应的时间段完成任务，那么接下来的计划都会被打乱，这一天就有可能过得手忙脚乱甚至无法完成任务。如果，我们把手表拨快 5 分钟，只是短短的 5 分钟而已，那么就会因为这比他人提前的 5 分钟而具有更紧迫的时间意识，从而更有效地利用每一分每一秒。

将手表拨快 5 分钟，这样当你在原定时间之内做好了应该做的事，暂时舒一口气之后，发现自己还有 5 分钟的时间可以完善，可以做得更好时，就会具有比别人更加从容的态度，更加舒适的心情。工作学习起来，自然更加得心应手。拨快 5 分钟，能够做到比平时提前 5 分钟起床，不会再因为要迟到了而慌忙出门，连早饭都顾不

上吃；可以比别人提前 5 分钟完成一天的学习或者工作，给他人尤其是上司留下良好的印象；能够提前 5 分钟上床休息，把这段时间用来冥想，让自己的身心彻底放松下来，结束这完美的一天。

也许很多人都认为 5 分钟不过是一天的二百八十八分之一，用来等公车、叫外卖都不够，有什么地方值得看重？但是，生命不就是由一个又一个这样短短的 5 分钟组成的吗？荀子曰："不积跬步无以至千里，不积小流无以成江海。"说的就是日积月累才能成功的道理。只要每天都把手表拨快 5 分钟，这累积起来的效果，将会出乎我们的意料。也许，你就因为这提前的 5 分钟比别人更早到达成功的终点，生命的鲜花也就因为这 5 分钟更早绽放得姹紫嫣红。

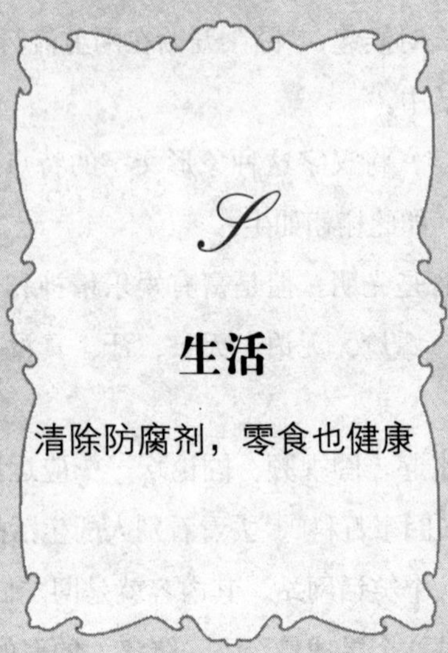

生活

清除防腐剂，零食也健康

加入囧事百科

不知道从什么时候起，"囧"开始在网上流行；没过多久，"囧"就火到了现实生活中。

这个奇特的字，将汉字这种象形文字的特点发挥到极致。它就像一个人的表情，如此栩栩如生。

虽然它的本意是光明，但是富有娱乐精神和创造力的广大人民却赋予了它悲伤、尴尬、无语、无奈、汗、真没办法之类的种种心情。

囧文化风生水起，囧视频、囧论坛……应运而生。很潮很流行的你，不妨加入"囧事百科"，去看看别人的生活故事。

囧事百科是一个笑话网站，其内容就是网友们的各种真实囧事，立志要成为"记录这个星球最令人'蛋疼'的事的地方"，似乎一切意想不到的事情都会在这里找到。

关于吃喝拉撒那点事儿，童年、学生时代、玩乐、发牢骚、工作等，只要是你经历过的囧事，你都可以放上去，同样你也可以看到别人的无数故事。

你会发现，生活就是这样，虽然无奈甚至有些心酸，但总是有人能够在里面找到好玩的亮点，笑到喷饭。开心是一天，不开心也是一天。当我们遇到不顺心的事情时，为什么非要愁眉不展，把自

己变成一张囧脸？淡定一点，坦然一点，也就过了。

囧，是一种恶搞，是一种对于自我的娱乐精神，也是一种对待生活的淡然态度。不管今天你是倒霉，还是幸运；是喜事多多，还是糗事连连，把它说出来与他人分享，也分享他人的故事。不要独自一个人郁闷，笑一笑十年少，你会发现，原来生活可以过得如此“囧囧有神”。

正如囧事百科首页对生活作出的阐释一样：“生活之妙，无奇不有，囧事更是时时有。那些在心里憋着无处安放的囧事们纷纷‘起义’，欲冲出心房，奔向组织，故促成‘囧事百科’基地的建成。在这里‘囧迷’们各自分享着囧事体验，释放自己，娱乐大家。据说，上‘囧事百科’可以滋润生活，延年益寿，受压力困扰的大众更可以在这里一笑化之，功效之神奇不言而喻，深得年轻人和白领们的青睐。”

一段文字，精妙地道出了囧事百科的功效。

下面摘录几段经典囧事，茶余饭后，不妨一笑，看看这个世界的某个角落里，原来还有比自己更囧的人在快乐地生活着。

1. 昨天接到一骗子短信，让我速把钱汇入农行一账号。我半小时后顺手回了一条：已存5000元，请查收。

结果今天收到回复：“都跑银行三趟了，还没收到你的钱，你这个骗子！”

2. 臭小子快一岁了，就是不吃奶瓶。奶瓶递过去，20次大概有一次是吃的。今天老公又给他奶瓶，斗争了半天，最后老公累得躺到了沙发上，终于把奶瓶递给了宝宝。

只见宝宝拿起奶瓶，像老公那样上下一阵狂摇，然后把奶嘴塞到老公的嘴里。

3. 有一天，妈妈让我出门买凉拌菜，就是拌好装在塑料袋里的那种。买了以后，我屁颠屁颠走着，忽然一人牵一狗跟我擦肩而过（方向相反），那只狗就眼巴巴地跟着我手上的凉拌菜跑了过来……

结果主人及时拉住它，我清楚地听见主人跟狗说："理性点！"我当场石化……目送着那一人及一只理性的狗在夕阳的余晖下离去。

4. 一个同学，他的电脑每天早上会自动开机（估计是因为宿舍里早上来电的时候一瞬间冲开的）。

结果，他老人家拿了一个符贴在了电脑上。

5. 某天，同事聚餐，7 个人喝了 9 瓶半 52° 的白酒！酒店出来之后，把一个 70 来岁的老太太围在中间，7 个人跪在那里拜，可怜的老太太动都不敢动。

6. 高中时，一次数学测验上，大家都埋头奋笔疾书，我突然很想放屁，但是碍于周围太安静了，就想用一声咳嗽把屁声安全掩护过去。

谁想，咳嗽声完毕，一个响亮的屁才迟迟到来，全班哄堂大笑，数学老师面带微笑地扶了扶眼镜说了两个字："时差。"

看过这些囧人囧事，是不是觉得轻松了许多，如果你也想让自己的囧途充满轻松愉悦，不妨也将你的事情拿来分享。

参加一次葬礼，感悟生命的真谛

生命有时并不会因为结束而失去意义，葬礼上人们对逝者的追悼也许就是对他表示爱戴和怀念的很好的方式。

观月之阴晴圆缺，知人有旦夕祸福。很多人注定了不可能陪我们走完一生，很多事情缘分到了也是强求不来。

虽然只是一段插曲，但照样可以余音绕梁，三日不绝。

去参加一次葬礼，做最后的一次见面，曾经的欢声笑语言犹在耳边，当时的深情厚谊历历在目，虽有不舍，但至少能供日后时时缅怀。

记住他们最美时候的样子，如同给予他们另外一种形式的生命一样。葬礼的意义远非告别，还有让我们以隆重的形式纪念和用最深沉的方式学会珍惜生命以及坦然。

正是因为海伦·凯勒不能感知这个绚烂缤纷的世界，假如给她三天光明才会变得如此弥足珍贵。健康的人很难理解伤病的痛苦，恰似活着的人难以理会生命的可贵。

葬礼，是一个让我们直面死亡的机会。在葬礼上，你会看到有的人哭得呼天抢地，其悲恸之情令天地动容；有的人沉默不语，欲哭无泪。不管再怎么舍不得，该放手的时候还是要放手。

当葬礼结束，每一个人不得不转身离开的时候，也是所有人应

该将伤痛结束，重新开始生活的时候。不是说，以后就不会再痛，就不会再记起，只是说，我们要学会接受现实，坦然面对，同时以经过死亡洗礼后的处变不惊，从容地继续好好生活下去。

如若在天有灵，任何一个逝者都不会愿意活着的亲人朋友因为他们的离去而如此难受。于是我们明白，健健康康地活着不仅是为自己，也是为心爱的人。

所以，不管平时工作有多忙，一定要照顾好自己的身体，好好地享受生活，好好地珍惜自己以及身边的人。

生命真的很脆弱。

珍惜生命就要学会珍惜时间，多做一些有意义的事情，比如陪父母谈谈心、和朋友聊聊天、读一些有价值的书、尽自己所能帮助那些需要帮助的人等。

其实活着有很多事情可以做，不应该像全球市场咨询集团 TNS 2009 年的一项调查所显示的那样，中国人每天平均把 44% 的休息时间花在网上。

善待自己和他人也是珍惜生命的方式。善待自己，就是要尽量少给生命留遗憾。喜欢谁了，为什么不大声说出来？想去哪里玩了，那还犹豫什么？

那些活着的美好，不是应该尽情享受吗？

当然，这并不是让我们随心所欲，不负责任。毕竟责任与生俱来。责任赋予我们使命感，这种神圣让生命更具有意义。

也正是因为某种程度上的责任，这种对生命的责任，我们都应该善待身边的每一个人。不要因为自己心情不好，而无所顾忌地向

最亲的人发火；不要因为工作忙碌，就一而再、再而三地让父母孤独过完周末；不要因为生活有时让我们感到厌倦，而对他人的困境麻木应对。送人玫瑰，手留余香，爱别人的同时，我们自己也会获得很多快乐。

生命只有一次，就好像冯小刚电影里说的那样，可悲的是它不能够重来，可喜的是它也不需要重来。

当一回志愿者，不求回报地帮人

当一回志愿者去帮助别人，其实不仅能够为他人解除困境，也能令自己得到快乐。身为好莱坞史上最著名影星之一的奥黛丽·赫本不仅以她的优雅美丽闻名于世，还以她的善良伟大给我们讲述了“天使在人间”的故事。

很多时候我们都只看到那些歌星影星们表面上的无限风光，却不知道由于娱乐行业的特殊性，他们承受着比普通人更大的压力，甚至不少人都需要心理医生的疏导。

但是，赫本却有自己获得快乐、缓解压力的方式，那就是与人为善，助人为乐。赫本将自己的快乐建立在了别人的快乐之上。

在自己演艺生涯的巅峰时期，她出人意料地退出娱乐圈达 8 年

之久。要是以常人的眼光看，这8年对她来说，将会造成多么巨大的经济损失呀，但是，她所在乎的并不是这些。

她充分利用这段时间，为了让这个世界更美好作着自己的贡献。到贫民窟、医院以及监狱做志愿者，身体力行地为那些处于困境中的人们做一些事情，是赫本每个月必做的事情之一。

她曾担任过67次亲善大使，晚年的时候还担任了联合国儿童基金会特使。曾经有公司以重金邀请她去参加商业活动，但她不为所动，因为在赫本心目中，去孤儿院看望那些可怜的孩子们是更重要的事。

虽然赫本的事业如日中天，但是她的一生并不顺利：她经历了六次失败的婚姻，这对任何一个女人来说都是无比巨大的打击和伤害。但是赫本却依然活得坚强开心，就像那些心理医生们说的那样，相对于那个年代的明星们来说，奥黛丽·赫本真的是一个奇迹！帮助他人真的能够创造奇迹！

做志愿者的方式有很多。

孤儿院里有那么多无父无母的孩子，他们渴望这个世界里能有某个人给予自己一点关注，一点疼爱；养老院里那些已至生命暮年的老人，他们要求不多，只要有人陪他们聊聊天就能够让他们开心好久；大山里希望小学的孩子们，他们对知识的渴望如同对光明的需要……这些地方都是我们扩大生命价值的好地方。

北京举办奥运会的时候，一名叫做王颖的志愿者是这样理解志愿者工作的：

幸运地，我来到这里，成为一名奥运会志愿者。在观众服务部

的工作中，虽然自己承担的都是一些简单的工作，但我却感到了自身的价值在一点一点实现。同时，在这些小事情中所感到的被需要和被信任更是让我无比充实和快乐。

幸运地，我来到这里，加入了一个团结、积极、快乐、温馨的集体。因为你们，我不再害怕，有了迎接新生活的勇气；因为你们，我不再彷徨，心的脚步有了心的方向。

张开手起飞，飞跃更多的空间去体验，我的青春没有极限！

是的，张开你的双手，将能帮助更多的人。

六祖慧能告诫世人："思量恶事，化为地狱；思量善事，化为天堂。"只要人人都献出一点爱，让外在的世界获得安宁与幸福，化为天堂的又何止是世界，还有我们的内心。

独自露营，消化情绪的毒

这是一个灯红酒绿、纸醉金迷的世界。我们有太多的工作要去完成，太多的人要去应付，深陷于种种利益、感情纠葛的旋涡，压力重重，难以自拔。

在这些复杂的人际关系里，很多时候我们都失去了独处的时间和空间，还不得不用伪装来保护自己，以至于忘了自我。是不是有

很多个夜晚都在失眠中度过？是不是很久都不知道独处时的安宁是一种什么滋味？

如果你累了，如果你想抽身而出了，如果你渴望打破这一成不变的生活了，那么何不去独自露营一次，让自己暂时卸下一切包袱与面具，做真实的自由自在的自己。

虽然这只是一次短暂的露营，但我们同样可以获得长途旅行的乐趣。不妨怀着云游四海的自在心情，迈出每一步。毕竟出行不在于远近，而在于心情。

找一天，找一片远离人烟的旷野，独自露宿于此，安营扎寨，生起篝火，这一切的工作都是你自己在做，无人帮忙，但也无人叨扰。

在微风习习的日子里，守着温暖的火堆，用自带的工具做一顿简便的餐饭，在大自然的拥抱中，吃完，享受着饭饱之后的愉悦和安宁感。

可以听听音乐，看看书，或者干脆什么也不做，就是在旷野中，安静地，单独地，一个人待着。

到了夜晚，早早地吃过晚饭，听着周围静谧的空气中，不时地传来虫鸣，是不是有种释然的感觉？

这样的夜晚特别适合用来思考一些平日里无暇顾及，但事实上又很重要的问题。比如，其实我们拥有的已经不少，和经历过那些困苦年代的前辈们比起来，我们是多么幸福的一代人。可是为什么我们的幸福感却不如他们呢？

在这郊外的夜里，没有了都市的喧嚣，没有了霓虹的浮躁，有的是草动虫鸣，萤火星光。不再有俗事缠身，你甚至可以像小时候

那样一颗一颗数着天上的星星。如果有流星，别忘了为自己许一个愿望。望着浩淼的星空，我们就会知道自己是多么的渺小，那些白天里的烦心事又是多么的微不足道。有什么坎是时间迈不过去的呢？数着数着，内心也会跟着平静下来吧。唯有内心平静下来至旷达的境界，人在面对生活的多变无常时，才能有超越生死荣辱的大气。这时候，也许你就会感到幸福了吧，因为很多问题已经迎刃而解了。

或者你可以什么都不用去想，让自己的身体和大脑都彻底放松下来，安安心心地睡一个好觉。还有什么能比一夜好眠更让人神清气爽，心情舒畅？大自然有着最宽广温柔的怀抱，她能够承载我们所有的悲伤和烦恼，躺在她的怀里就如同睡在妈妈的怀抱里。这一晚，你一定可以睡得很好很安稳。

选个天气温暖的夜晚，去独自露营一次吧！相信在月朗星稀的时空里，一定会有一个最美的梦在等你。

清除防腐剂，零食也健康

每周去超市扫荡，是现在许多人的生活习惯。将各种膨化食品、碳酸饮料、方便袋装速食放进冰箱的那一刻，你的健康也正在向你挥手告别。

现在生活条件的便捷，让人们在饮食方面有了各种各样的花样，现在只需要去一趟超市，就可以满足好几天的口粮了。

如果你不愿意吃那些薯片、饼干，那超市里现成的速冻饺子、快速面、速食菜等选择都等着你来作决定。

人们以为这些东西会比薯片健康，其实都一样，被放进包装袋里的食物，再健康，也是经过加工处理的产品，已经不再新鲜，而且你看到包装袋上写的那些配料，也不能完全判断出这袋食物里到底有没有添加防腐剂之类的东西。

与其吃得这么忐忑，不如自己动手，亲自学做几样你常吃的零食还有食物，只需要几步，就能做出健康又卫生的美食，还是低成本的，完全符合现代的低碳标准。

绿茶饮料：

绿茶是年轻人常喝的饮料，它清爽的口感和淡淡的香味让人既解渴，又满足了味觉。但一瓶绿茶三四块钱，如果每天喝，成本就太大了。不如自己制作一大瓶，放进冰箱里，随喝随取，十分方便。

绿茶的制作方法其实很简单：茶叶、水、白砂糖混合就可以了。如果还想再简单一些，那就用红茶包泡水＋冰糖/蜂蜜/白糖＋一片干柠檬片，就OK了。

奶茶：

超市卖的奶茶粉冲出来的奶茶味道不地道，而且添加剂也不少，自己完全可以在家用红茶包泡水，然后加入适量的纯牛奶，再加入一勺炼乳，搅拌，一杯好喝又纯净的奶茶就制作成功了。

土豆泥：

将土豆蒸熟，压成泥，加牛奶、盐（适量，根据个人口味），搅拌之后再准备一点鸡汤，撒上黑胡椒粉后，再次放入锅中蒸热，加水淀粉勾芡，使其成稀释状态，然后浇灌在土豆泥上。

玉米沙拉：

玉米沙拉是许多女孩子喜爱的零食，闲来无事，完全可以自己在家制作。

准备玉米粒、芹菜粒、胡萝卜粒、土豆粒……总之自己喜欢的蔬菜粒都搜集起来，放入锅中用热水焯过，然后一起放入大容器中，用沙拉酱搅拌均匀即可。

鸡米花：

将鸡腿肉切成小块，放到一边，然后将炸粉、盐、水淀粉调成糊，稀一些，鸡肉放进去腌制 2 小时。腌好以后，下油锅前再裹上一层干的炸粉，油锅热到八成热，将鸡肉放入，炸够 3 分钟就可以出锅了。

烤鸡翅：

选择适量的鸡翅，将其用酱腌制 2 个小时，烤箱调至 200° 预热 10 分钟，将鸡翅放入，用 180° 烤半小时，就可以吃了。

冰激凌：

冰激凌是女孩子的最爱，根据自己的口味，选择喜好的水果，切成小块，然后盛好放冰箱冷冻室里冻 3 个小时以上，冻成硬块。取出适量放在搅拌机内，加少量淡奶油，开机搅拌，过稠就放奶油，过稀就放水果。

简单美味的冰激凌就制作完成了。

汉堡包：

十几元一个汉堡，成本太高，我们自己做就可以省下不少成本呢。根据你的口味选择面包，切成薄片，然后洗干净生菜、西红柿、黄瓜放在一边备用。

然后开始煎鸡蛋、炸鸡肉，将这些食材放入两片面包之间，淋上沙拉酱，一个新鲜美味的汉堡就全新出炉了。

既然自己动手制作的食物也可以又方便，又美味，那以后根本就不需要再花钱去买那些又贵又可能添加防腐剂的食品了。

自己动手，丰衣足食才是硬道理！

向田园出发，心理自然疗法

近些年，抑郁症、强迫症等一些心理疾病悄然与都市人为邻了。

在你不知不觉地忙碌与生活时，这些疾病可能就找上了你。这个世界上，我们想要的东西实在太多了，但不是每一样，我们都能够得着。在追求与被打击中，我们的内心开始充斥了许多的不安定因素。这些因素，就好像一颗颗小型的炸弹，随时都会因为一点火

星就引爆，将我们原本平静的生活炸成废墟。

这个时候，我们就需要一个桃花源的出现来拯救我们。因为我们见惯了车水马龙的熙来攘往，却很少体会到“采菊东篱下，悠然见南山”的闲情逸致；呼吸了一天又一天的汽车尾气，深深明白郊外那源自绿色与生命的气息是多么沁人心脾；触摸了太多冷冷冰冰的钢筋水泥，真的需要鸟儿的鸣唱、花儿的绽放来为生活插上灵动的翅膀……对于田园，我们有太多的需要和渴望，毕竟有多少现代人能像陶渊明那样怡然自得地谱写自己的田园史诗呢？

所以，在我们躁动不安，无法为自己的生活作出一个周详计划的时候，不妨计划一次田园旅行，既是给自己的心情放假，也是为接下来更好的学习和工作作准备，一举两得，何乐不为？

有了暂时回归田园的激情，可是有不少人却又在苦于抽不出时间中将这激情冷却。真正的遗憾不是因为我们失去或者未得到，而是因为我们连争取的尝试都没有。人生短短数十载，有多少光阴能经得起追悔？所以，不要犹豫，不要顾虑，干脆就把这次旅行安排在这个周末或者假期吧，不要再窝在家里重复千篇一律的宅男宅女生活，郊区的美丽风光和清新空气会让你不虚此行的。

出发之前，我们需要简单地计划一下，充足的准备工作会让这次旅行畅快而圆满。美丽的田园既是你一个人的舞台，也能容纳众人的狂欢。所以，是想一个人去，还是呼朋引伴一同前往，都由你的心情而定。不过，如果想去的地方比较偏远崎岖，出于安全考虑最好还是有同伴陪伴；若是真的很想一个人静一静，就不要去人太少的地方。充足的体力是任何一次旅行都必须的，所以，出发的前

一晚，一定要好好休息，并且保证饮食的营养和丰富。同时，由于户外运动的特性，相应的装备和应急药品一定要带上，比如登山手杖、指南针、地图、水、急救药箱等。当然，针对你所选择的户外运动的不同，你还需要准备特殊的工具，例如有的人喜欢攀岩，有的人热衷越野、飞速穿梭等。

万事俱备，现在我们只需要卸下所有的烦恼和包袱，带上最愉快的心情，敞开心扉，和大自然来一次最亲密的接触。这一次，也许不只是对我们身体的一场排毒，也是对灵魂的一次涤荡。向田园出发，去彻底放松你的心灵，所有的喜怒哀乐都和大自然融为一体，还有什么事情，是比穿越生活的风景，向着快乐前行，更能使你愉悦呢？还有什么治愈心灵的良方比去感受大自然更能让你开心呢？

X

心态

丢掉包袱去远行，
忘记终点

一个无话不谈的笔友

也许上帝在创世纪的时候就已经想到，人类需要沟通和交流，这既是整个人类进步的阶梯，也是个人完善自我的助力。

所以，上帝除了赋予我们一张能吃饭的嘴以外，还赐予了我们一条能说会道的舌头，让我们可以畅快地表达出自己的想法。

同时，还让我们的耳朵天然地懂得如何倾听。诉说和倾听成为了我们排遣孤独最好的方式之一。

80后、90后以后的这些人，大多都没有兄弟姐妹，因此更加需要朋友，那种值得信赖的、走进我们内心的、无话不谈的朋友。

小时候，我们习惯什么话都对父母说，因为他们就如同我们那个小宇宙的神。长大后，我们有了自己的理解和担心，有些话便不再适合告诉父母。

而爱人之间，也有着各自的秘密空间。不是欺骗，更加不是背叛，有可能只是为了保持各自的独立性和完整性，也有可能只是舍不得让对方担心而已。

总之，当父母、爱人都不再能够成为你的倾诉对象时，朋友就成为了你值得信赖的最佳选择。

试想一下有这样一个朋友该是多么美好的人生经历。他明白你的需要，能够从你的一言一行看到你的内心世界；他坚守你们之间

的承诺，是秘密的最佳守护者；他心疼你的受伤，会及时为你送上一剂心灵的良药；他知道怎样才是为你好，会客观公平地指出你的错误……这个人懂你，甚至有时候比你还要懂你自己。

可是我们都要明白，朋友再怎么好都不可能完美，你和他的不同让各自独立成为必要，谁都需要属于自己的空间和时间。相信你和他之间的距离也能够产生美，让这份感情更深固。交一个无话不谈的笔友吧。

他满足了上面所有的需要。

他不会干扰你的生活，却会让你的生活少一点寂寞；他不会成为你的负担，却会经常给你送上来自远方的挂念。从此以后，面对生活，你终于可以不再那么压抑自己的情感，终于可以和某个人在纸笔之间无话不谈。也许生命会就此畅快了许多。

2009 年上映的一部澳大利亚黏土动画片 Mary and Max，此片讲述了一个 8 岁的胖女孩玛丽·丁克尔和 44 岁的中年男人马克思·霍尔维茨之间的故事。

两个人居住在不同的城市，因为一次偶然的机会，两个人成了笔友，在之后的岁月里，两个人经历了各自人生中的低谷、波澜、高潮等。

他们都一一将这些写给了对方，而对方也作出了鼓励或者祝福。虽然直到最后，两个人都没有见一面，可是这并不妨碍他们的友谊在这多年的通信间生根发芽。

诚如马克思·霍尔维茨与玛丽·丁克尔发生矛盾后，他写给玛丽的一封信中所说的那样。

我原谅你因为你并非完美。

你我都不完美。

人无完人，即使是在门外乱丢垃圾的人也是一样。

当我年轻的时候，我想变成任何人，就是不想成为自己。

医生说：如果我在一个孤岛上（只有我和椰子），那我要适应一个人的生活。他说：我必须接受自己，自己的缺点乃至全部。我们不能选择我们的缺点。

这些都是我们的一部分，我们只能适应。

然而，我们可以选择我们的朋友。我很高兴我选择了你。

医生说：每个人的生活就像一条很长的人行道。

一些人的道路很平坦。

一些人的道路，像是我的，有裂缝、有香蕉，还有烟头。

你的道路和我的相似，但是可能没有那么多的裂缝。

希望有朝一日我们的人行道能够相交，我们可以分享同一罐炼乳。

你是我最好的朋友，是我唯一的朋友。

丢掉包袱去远行，忘记终点

我们习惯将每一件事赋予特定的目的，如同行走总是指向一个特定的方向，甚至连百忙之中偶尔为之的休闲都不自觉地带着某种目的。

比如，我们的旅行是否总是预先就已经设定好了目的地，甚至还给自己罗列出一堆要去某处旅游的理由。

本来是兴之所至的游玩，却变成了生命中的“不可不做”，以至于有时蒙蔽了自己内心真正的愿望。也许生活中太多的目的，让我们的内心反而渴望没有目的，不带任何企图地去做一件事情，听从的只是自己的心、自己的感觉而已。

抑或是，突然之间，你并不知道这件不带任何目的的事情是什么，不知道自己想去哪里，想干什么，既然不带目的，那就干脆忘了这些考虑，坐上随便哪一辆车，让它带着你来一场无目的的旅行。不用关注站牌，无须担心时间，只是安安静静地等待，安安静静地关注自己的内在。

采取不同于以往的坐车方式，不去翘首盼望某辆特定的车，而是随便坐上恰在那时到站的车，然后坐在自己喜欢的座位上。乘务员的报站声对你而言已失去了意义，身边拥挤的人来人往也只是演绎着他人的忙忙碌碌，平时你也像他们一样疲于奔命，而此刻却可

以惬意地插上思想的翅膀，一边欣赏着车窗外不断变化的风景，一边翱翔在内心悠然的蓝天。

此时此刻，你可以什么都想，为平时的纷乱理出一个头绪；也可以什么都不想，让思考放空，享受难得的清闲与放松。记住现在的好心情，下次乘车时记得让自己拥有一如此情此景的放松和坦然。

你可以随时下车，即便这个站你从未来过。不妨在这儿随意逛逛，或许就能在某家小店或者某个转角，发现全新的风景和惊喜，为此次旅行增添意外收获。

逛累了，就乘上另一辆车，去发现另一场未知的风景。记得带上地图或者指南针，不论你身在何方，心里总会知道回家的方向。

压力需要“被”接受

有这样一个故事，意味深长：

有一年冬天，一对婚姻濒临破裂而又不乏浪漫情调的夫妇准备做一次长途旅行，他们想要在这次旅行中找回往日的爱情。

在临行前，他们约定：如果能够重新找回爱情的感觉，那就继续生活，不然，就在那里分手。

当他们按照设想，来到一个长满雪松的山谷的时候，忽然下起了大雪。为了躲避风雪，他们只能躲在帐篷里。

百无聊赖，两个人看着漫天飞雪，各自出神。

忽然，妻子好像发现了什么，她对丈夫讲：“你看，由于特殊的风向，东坡的雪总比西坡的雪下得大而密，不一会儿，雪松上就落了厚厚的一层雪。然而，每当雪落到一定程度时，雪松那富有弹性的枝杈就会弯曲，使雪滑落下来。就这样，反复地积雪，反复地弯曲，反复地滑落，无论雪下得多大，雪松始终完好无损。其他的树则由于不能弯曲，很快就被雪给压断了。”

妻子的话给了丈夫启发，他们在这个风雪的日子里，发现了挽救他们婚姻的方法。那就是对于外界的压力，要尽可能去适应；在适应不了的时候，要像雪松一样弯曲一下，这样就不会被压垮。

夫妻两个热烈地拥抱在了一起，他们知道，自己将自己的爱情

从悬崖边拉了回来。

这个故事，让你想到了什么？

你有没有觉得，有时候那些你觉得无法承受的压力，其实也没什么大不了的。当你内心强大起来的时候，你便不再觉得压力大了。

生活中，不少人畏惧压力、逃避压力。其实，压力也是一种动力。俗谚说“人无压力轻飘飘”“人无压力不成才”。正视压力，与压力共处，正是强者的选择。

强者能够在压力之下磨砺自己，就好像长在岩石间的树，总是特别苍劲；沙漠里的种子，遇到一点儿水分就能快速萌发；极地的苔藓，可以经历长期的干燥寒冷依然存活。不平凡的遭遇常能造就不平凡的人生。

压力，并非痛苦、沉重的代名词，如果你越想越觉得压力让你无法呼吸，让你喘不上气来，那你就越会被压力压垮。

相反，你也可以面对压力毫不在意，见招拆招，水来将挡，兵来土掩。要知道，人生是不可能没有压力的，压力并没那么可怕，压力就好像时不时地被路边的石子硌了一下脚一样，你走过去，就没事了。

压力在前，怨天尤人，绕道而行，你的人生境界将似井底之蛙。只有顶起压力，才能让你的生活，幸福如期而至。

可能，这并不容易做到，但要知道，有时候，压力真的需要“被”接受。学会见招拆招，化有形于无形之中，这样你的生活才不会被压力压垮。

消灭无聊的“无聊法”

无聊需要理由吗？不需要吗？需要吗？不需要吗？需要吗？不需要吗？需要吗？不需要吗？需要吗？不需要吗？需要吗……

可以停止追问了，当你为了这个问题而折磨自己的脑细胞时，基本已经可以判定，你的确陷入了无聊之中。

是的，无聊并不需要理由。

虽然现在生活休闲方式多种多样，有着各种完善的悠闲娱乐设施，但或许是因为在都市里生活得太久，见惯了灯红酒绿的繁华，看厌了红男绿女的嬉笑怒骂，于是，便对一切喧嚣有了抵触。

在车流不息的街头，常常可以看到将头低着、快步疾走的人，他们的神色匆忙，脸上没有太多表情，永远一副埋头赶路的样子。

其实，他们大多也是无事可做，白天忙完工作，晚上便在自己的寓所里上网、玩游戏、浏览网页。

永远不去取悦任何人，也不被任何人所取悦。

他们的口头禅是：“无聊。”

但他们自己也想不出，这生活该怎样过，才能不无聊。

于是，无聊的他们，无聊地发明出了消灭无聊的100种“无聊法”，放到网上，让更多和他们一样无聊的人，去无聊地观望。

骑脚踏车压马路看风景。

在附近的小镇来一个一天的短途旅行，听着CD拿着相机逛逛也很好。

乘一条平时很少或者基本不乘的路线的公交车，从起点到终点。

玩小时候玩过的跳房子、沙包、皮筋。

趁着夜色跑到曾经念过的幼儿园、小学、中学怀念，在曾经的教室涂涂写写，但是记得走之前，一定要擦干净。

到海边玩瓶中信，然后剩下的无聊时间可以想自己的信是不是有人收到。如果生活的城市没有海，那就在QQ邮箱里玩儿漂流瓶，放心，是一样的。

……

像这样罗列出了100种打发无聊的"无聊法"。人生总是需要自己去不断发现乐趣的，如果你缺失了一颗善于发现乐趣的心，那么就算是五彩缤纷的世界，你也会觉得是黑白色的。

透析自己曾犯过的错

子曰："过而不改，是谓过矣。"有错不改，就是大错了。

子夏曰："小人之过也必文。"小人为人处世，对于自己的过错，总会想方设法找出许多理由，把犯下的过错掩盖起来。

子贡曰："君子之过也，如日月之食焉。过也，人皆见之；更也，人皆仰之。"有过错没有关系，所谓君子之过如日月之蚀，和太阳、月亮一样，总会云开雾散，仍不失原有的光明。

子曰："吾日三省乎吾身。"像孔子等这样的古代大圣人都经常谦虚地反省自己，身为凡夫俗子的我们，不论是知识积累还是道德品行都远远在孔子之下，又怎么能够不时刻检讨自身，知错就改呢？

一个人犯错误就像小孩子蹒跚学步时跌倒一样正常。人的本性就是趋利避害，所以当我们犯下错误时，本能的反应就是掩饰或是辩解，而这往往只能起到欲盖弥彰的效果。

"过而不改"是人们工作中的一大弊病。错误一旦犯下，就像射出去的箭，不可能掩盖得住，与其最后被别人揭下面具，不如自己揭去，后者失去的是面具，前者失去的则是自己的人格。

所以，只有我们勇于承认错误，敢于忏悔，并且积极改正，人生的道路才会越走越坦荡。

掩饰过错、逃避责任从来不是解决问题的办法，相反，这种方式只会让问题越来越严重，就像滚雪球一样，造成雪崩，最终摧毁一颗原本善良纯洁的灵魂。

要让灵魂得到解脱，为内疚和自责找到出口，我们需要勇敢地进行自我剖析，自我谴责。一个不敢面对自己、面对人生、面对责任的人也是不敢面对忏悔的，因为忏悔需要勇气，需要坚强，需要一颗高尚的心灵。

从某种意义上说，忏悔是一个人走向成熟的标志之一。

所以，拿出勇气来吧，寻找一个静谧的空间让自己安静下来，

然后深刻地客观地剖析自己一次，向你自己的上帝，向你心中的信仰忏悔。

不要让忏悔只停留在表面，这不是一次自我敷衍，所以，我们最好拿出纸笔，仔细回想曾经犯过的错误，然后一件一件客观公正地记录下来。

按照错误的严重程度，罗列出自己在过去的日子犯下的错误。

当然，只是列举出错误还只是忏悔的第一步，"知错能改，善莫大焉"，因此我们还要在每一次的错误后面写下自己的悔改，包括自我批评和感想。

如果，我们当时犯下的错误不仅伤害了自身还伤害到了别人的话，那么更加需要深刻的自我反省。也许已经时过境迁，也许错误仍在继续，不管怎样，我们都应该向对方真诚地说一句对不起。

你可以只是在心里默默地说出你的忏悔，也可以打电话或者当面告诉他。但最重要的是，在以后的相处中，用你的善良和友好来弥补曾经给他人造成的伤害。虽然对方不一定知道你的用心良苦，但至少你获得了心灵上的解脱和安宁。

当然，忏悔不是要我们沉浸在过去的错误中，而是为了让我们更好地把握现在。认真审视一下现在的自己，曾经的错误是否再没犯过，曾经的幼稚和不懂事是否已渐渐被成熟和理智所代替。

忏悔的过程也就是一个自我鞭策、自我激励、自我超越的过程，相信你自己，你是可以做得到的。

立一个诺言，一生遵守

老子说，人无信不立。很多时候，我们都把这个“信”解释为信用、信誉，其实，一个人若是没有了信仰，又何尝能够自立于天地间？一个拥有信仰并且坚守的人，也许不能取得多么令世人瞩目的成就，毕竟成功除了内因还得靠外力，但是他一定是一个活得踏实、丰富、满足的人。因为信仰确立了我们对现在的坚持和对未来的期待。它是良药，当我们受挫时，能够治愈受伤的心灵，让我们拥有继续奋斗下去的勇气；当我们因外界的种种诱惑而快要忘记了最初的坚持时，让我们清醒起来，不至于偏离正确的人生轨迹。一个我们要一生遵守的诺言，背后就是一个我们要一生坚持的信仰。

怎样的诺言才值得一生遵守？不要以为这样的诺言一定要多么伟大，为全人类的解放事业而奋斗自然高尚，但一个人的平凡信仰同样有助于世界的和谐。人类不就是由每一个小小的个人组成的吗？只要个人幸福了，世界也就幸福了。我们的信仰可以平凡，只要坚持真善美就好。

面对真爱，如果“执子之手，与子偕老”的承诺太过沉重，那么“不在乎天长地久，只在乎曾经拥有”同样真挚感人。因为当时的真心真意，已足以让一切都不苍白。

对于父母，我们怎样的回报都不能弥补他们奉献给我们的青春，

那么就立下一个让他们安度晚年的诺言吧。难道我们有加班、上网、和朋友玩玩闹闹的时间，却没有陪伴父母，和他们说说知心话的精力？这个诺言遵守起来是如此简单。即便父母离开，“老吾老以及人之老”，你对其他老人的关爱，其实也是对父母爱的续演。

关于诺言，你同样可以许给自己。你可以要求自己具有高尚的品格，比如做一个“先天下之忧而忧，后天下之乐而乐”的人，关心别人的疾苦，努力帮助别人。你也可以要求自己怀抱一种积极向上的人生态度，热爱生活，享受人生。

一旦诺言许下，就请始终如一地遵守，否则它就失去了存在的价值和意义。所以，在许诺前，一定要考虑清楚，不妨问问你的亲朋好友，但更重要的是问问自己的内心。

不论你的诺言是什么，只要一生坚守，它就会成为你幸福生活的动力和源泉之一。

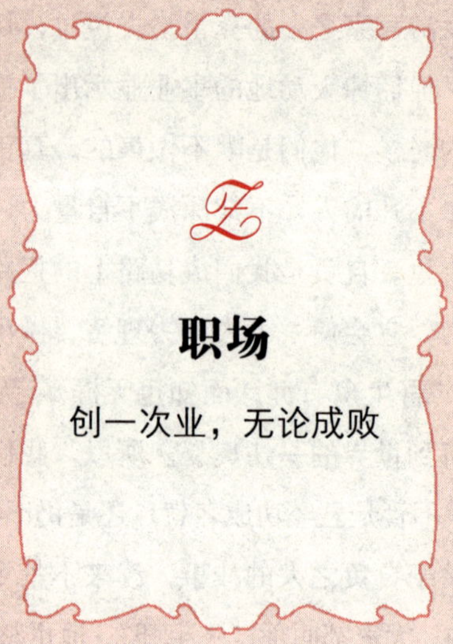

Z

职场

创一次业，无论成败

泼一瓢冷水浇灭自负的火花

身为世界三大寓言家之一的克雷洛夫说过，切实苦干的人往往不是高谈阔论的，他们惊天动地的事业显示出了他们的伟大，可是在筹划重大事业的时候，他们是默不做声的。真正有本领的人谦虚踏实，而那些自命不凡的人，不知深浅不自量力，往往掉进自己亲手挖掘的自负陷阱里。自负是我们成功路上的拦路虎，有着和自卑同样可怕的杀伤力，它会使一个人失去理智，做出愚蠢的事情，葬送成功。庄子说：“吾生也有涯，而知也无涯。”无论什么人什么时候，都不可能了解到世界的一切奥秘。所以，我们需要时刻提醒自己千万不可自负，不管是已经功成名就，还是仍旧默默无闻。

有这样一个关于自负之人的故事，读来不禁令人失笑。从前有一个人跑得非常快，大家都叫他“飞毛腿”，他也整天以此扬扬自得。有一天，他家来了个盗贼，被他发现后，拔腿就跑。他在后面大叫：“不要白跑啦，你怎么可能跑得过我？”不一会儿，他果然追上了那个盗贼，甚至超过了他。可是飞毛腿还是铆足了劲儿一直往前跑，路人问他为什么，他不屑一顾地说：“我在追贼呢。可是我早就把他远远地甩在后面了！”从这个故事中，我们看到了自负会令人们做出愚蠢行径，所以应该时刻告诫自己，浇灭自负的火花，谦虚做人，踏实做事，不断求索。

摒弃自负，是希望我们能对自己有一个清醒的认识和准确的定位，既不要因为一点小小的成绩就高傲自满，也不能因为过分的谦虚以致妄自菲薄。放低自己的姿态并不等于否定自己，看轻自己。面对困难和打击时，我们应该有起码的自尊和自信，勇敢地鼓励自己，肯定自己，激发自己拿出成功的勇气和实力。

要浇灭自负的火花，我们就得学会自我反省，不论成功时还是失败时。一个人的成功离不开他人的帮助，而失败的主要原因大多数都是因为我们自己，所以，我们既没有自负的资本，又没有自负的借口。成功的人永远都会告诉自己，天外有天，人外有人，没有谁是最好，而自己可以不断做到更好。

考一门证书，无论什么

学海无涯，所谓活到老，学到老。一个喜欢学习的人，必是一个对生活充满了好奇和期待，喜欢挑战自己，不断寻找生活乐趣的人。

如果能够把学习和自己的喜好结合起来，寓学于乐，生活又该多了一种愉快。有些时候，我们会对一成不变的生活感到些许厌倦，想要接触一些新的东西来寻求改变，可是一时之间又有些手足无措，

不知道该做些什么。不如，索性就去考取一个专业资格证书吧。既获得了快乐，又能够学到知识，一举两得。

而且技多不压身，说不定什么时候，当时一时兴起学的技艺，就会派上用场。

话说，很久以前的某天傍晚，一个游牧民族的居民们正在河边忙碌，准备安营扎寨。忽然出现了一个神仙，告诉他们明天起程后最好一路多捡些石头，至于原因天机不可泄露，到了傍晚答案自会揭晓。

居民们虽然不明就里，但神的指示还是愿意遵守。可是第二天在带着石头走了一段路之后，很多人都因为嫌重，而把石头丢弃了。随着暮色的降临，人们感到了事情的奇妙，因为那些石头都变成了价值不菲的钻石。

这时，大家才明白神的旨意。他是要告诉人们：很多东西，比如知识、技能，不要因为一时的无用就丢弃，在能够多积累的时候，千万不可贪图安逸而放弃学习的机会。

在这个竞争日益激烈，对专业技能要求越来越高的社会，很多行业都有了自己的入门门槛。即便你精通法律，没有律师资格证，仍然不能执业；就算你是会计领域不可多得的人才，没有会计师资格证，事务所也不会聘用你……

各种各样的资格证书，既是你拥有相关技能的标志，也是你进入该种行业的门票。多一个专业资格证书，在竞争时，你就比对手多一份筹码。不一定非得是你现在就能够用得上的证书，只要你喜欢，什么种类的都可以去尝试考取。成功只给有准备的人。

在为这个证书努力奋斗的过程中，你不仅能够学到知识，还能够体会到挑战自我、超越自我的成就感。它的意义远远不止一张纸这么简单，它是你追求更完美自己的奖励。生活将会变得比我们想象的更加富有挑战性和乐趣。

考试并非学生的专利，进入社会，你依然要接受不同的考核。拥有一门专业技能的证书，或许不能为你的升职加薪作出贡献，但如果你没有拥有这门专业技能的证书，那就是一定会在职场路上走得慢一些。

眼下一些专业变得热门起来，原来毫不起眼，但现在却是非常火暴。例如秘书。秘书证是今后一段时间内比较热门的专业资格证书之一，在将近 20 种专业资格考试中，秘书证一直受到人们的追捧。

拥有秘书证的应聘者大多会得到公司的青睐。秘书证分为四个等级，分别是二级秘书、三级秘书、四级秘书和五级秘书，在上半年和下半年都可以参加考试。

同样受到热捧的还有公共营养师证书。现在人们衣食无忧，讲究的不再是温饱，而是营养了。公共营养师是国家人力资源和社会保障部颁布的第 4 批新职业之一，其缺口达到 400 万人左右，是一个具有不错发展前景的行业。

公共营养师考试共分为四级，考试内容主要包括基础营养学、疾病营养学、食品营养学、社区营养学、运动营养学、药膳营养学等。

你考的是什么证书并不重要，重要的是你为此付出了努力和汗水，你收获了知识和技能，这就足够了。

向上司要求一次艰巨的任务

上司常常会发出这样的感言：“不怕驴一样的老板，就怕猪一样的下属。”

公司的运营中，职工的效率、办事能力、言谈举止等方方面面的素质都很重要，都会成为影响公司发展的因素。

现代社会飞速发展，各行各业的竞争都日益残酷和激烈。优胜劣汰是市场经济亘古不变的法则，有着最严格最无情的标准。

要受到市场经济筛选的不仅是商品，还有身处其中的我们。

如果你不想被上司划入“猪一样的下属”，那就赶紧拼命起来吧。业绩是拼来的，不是等来的。

如果我们没有足够的能力在自己的工作领域争得一席之地，轻则一直做一个默默无闻的小员工，不会拥有升职加薪的机会，严重的话，我们就会被淘汰出局，成为职场中的失败者。现在的竞争压力如此之大，如果我们还不能够强制自己表现突出的话，那将来我们被淘汰的时候，不论我们多么后悔、多么痛苦，都于事无补，因为这就是生存。

它不会因为任何人的眼泪而给予多一点儿的同情。

所以，我们要不断地提升自己的能力，而不是在自己的那一亩三分地里沾沾自喜，玩着偷菜度日。

做竞争中的强者，就需要自己为自己争取成功的机会了。既然是自己争取，你不妨主动向上司要求去完成一项艰巨的任务，比如艰难的谈判、任务量很大的高负荷项目……

如果完成了，上司会注意到你的表现，发现你的才华，如果失败了，上司会认可你的努力。总之，去做点事情，远比什么都不做强得多。

一提到艰巨任务，很多人就想到了退缩，觉得自己没有这个能力。要是这样想，那你一开始就错了，甚至可以说，你一开始就输在了起跑线上。

成功就是源自不断的挑战。要清醒地认识到比你拼命的人多得是，但是如果比你牛的人比你还拼命，这就可怕了。

看看这些人，你才会知道什么是拼搏。

1. 广告行业大概是所有辛苦中最不把辛苦当事儿的工作。说说自己吧。2006年来西安，四年间在这个人生地不熟的地方，从月薪迈入了年薪。曾经和其他公司竞稿，整整一个月零八天，没在天亮的时候离开过公司。也曾经为了拿出一个项目的年度策略方案，40个小时不睡觉。至于通宵，加班，连续几个月无休息这些事，已经习惯了。累到极点的时候，独自开车在半夜3点的二环上，疯狂掉泪，第二天在3个小时的睡眠后，继续打起精神处理各种事务。

职场上，不会有人因为你是女生而怜惜你。当女生面对更多的压力时，面对各方面的不认可时，更需要用实力证明自己。

拼命只是一个过程，只要朝着那个方向走下去，目标坚定，咬牙忍耐种种琐碎不足，工作不会辜负你。

2. 有一个项目临危受命，完全没有经验，花了10天左右的时间。从策划到设计到物料生产直到会议统筹执行结束，每天只睡四五个小时，其余时间全部在工作，协调供应商、设计师、公司、客户，还有客户的五大事业部。其间还换了三个供应商，客户场地还变了三次，五大事业部还钩心斗角，还好最后圆满开完了400多人的订货会。结束后，回到家洗澡差点儿晕倒在浴室里，睡了好几天人还是飘着的，一周瘦了6斤……

3. 我本来是学计算机的，结果找了一个证券公司的工作，隔行如隔山，真是啥都不懂啊，股票基金都傻傻分不清楚，更别提什么期货期权权证了。公司下的规定，必须一个月内考下证券从业资格证，考不下来就卷铺盖闪人。好几本书啊！最后，在公司旁我租的房子里，整整宅了十多天，连吃泡面都觉得好浪费时间，每天火腿肠加沙琪玛，后来连嘘嘘都是火腿肠的味道，严重缺乏营养和维生素，每天起床来头晕眼花，手指头全是肉刺，牙龈每时每刻都在流血。每天夜里两点睡觉，早上7点起来，除了睡觉，眼睛没有离开过书。肩膀也肿了，想捶又够不到，就拿雨伞狠狠地敲。

不过后来我还是顺利地完成了这个艰难的任务。

像这些牛人一样，去接受挑战，去经历风雨吧。虽然你奋斗的结果不一定尽如人意，但这份经历却磨砺了你的意志，也锻炼了你的能力，让你成为了一个比昨天更加强大的人。

理智地跳一次槽

对待跳槽，人们常有两种截然不同的态度。一种人认为，在这个竞争如此残酷激烈的社会，找到一份好工作不容易。所以，虽然自己做得不一定顺利，和同事们相处得也不是那么融洽，最好还是忍耐着吧。久而久之，就变得安于现状，对工作感到乏味不满，失去了激情庸庸碌碌地过着朝九晚五的生活。另一种人则恰好相反，总是不能踏踏实实地工作。有可能是对自己的能力太过自信，总是觉得下一份工作会更好，好高骛远；也有可能是自己不怎么会为人处世，打理不好与同事之间的关系，反正就是不能在一个地方干得稳定，不断地跳槽。到头来，也许哪一份工作都没能做好，自己仍旧是碌碌无为。这两种人在对待跳槽这个问题时，有一个共同的毛病，就是不够理智。

不要以抱怨来开始每天的工作，要么就停止抱怨，想方设法重新点燃对它的热爱，让自己作出改变来适应工作；要么就勇敢地打破现状，不再放任惰性毁掉自己的生活。其实，当一个人觉得目前的工作已经不能满足自己内心的需要时，比如自己做得真的很不开心，或者想要更好的发展，那么就是时候考虑跳槽了。换一个环境，换一种工作的状态，也许就能得到更好的发展。

当然，跳槽也不是一时心血来潮的想法。这之前必然需要一番

深思熟虑的过程。首先我们要明白，经常跳槽只会让新的用人单位对你没有好印象。一个从事某份工作不到5年就跳槽的人，在人事部主管的眼中，如同一个不太能够担当重任的新人。但是如果能够坚持5～6年，甚至8～9年，那么不仅能够得到主管的信任，还有更多的升迁机会。所以，跳槽对一个人的职业生涯有着重要的影响，务必考虑清楚。我们不妨问问自己：这次是真的非跳槽不可吗？问题是出在公司方面还是自己身上？有没有什么改正或者补救的办法？如果跳槽，以自己目前的情况是否可能陷入经济困境？这次跳槽，对于将来的职业生涯会有什么影响？自己是不是做好了足够的心理准备？……三思而后行，才不至于让自己后悔。

理智地跳一次槽，是对自己的挑战，是对现状的改变。也许成功，也许失败，但至少你将看到人生的另外一种风景，发掘自己新的可能性。

创一次业，无论成败

很多人都会侃侃而谈自己的梦想，把蓝图描绘得无比美好。可是却不是每一个有梦想的人都会尝试着把它实现。

相反，大多数人只是把梦想作为发泄对现实的不满、逃避现实的渠道。看看我们的身边不乏这样的人吧，他们总是不断地诉说着对目前工作的不满，想着要是有一天自己创业，做了上司或者老板会如何如何，将梦想实现了又会有多好多好。

可是第二天大多数人还是照样去上班，把当时的豪言壮语束之高阁。他们会说，这是因为自己没有创业的资金或者能力。

可是，纵观古今中外，有多少成功人士不是白手起家的？华人首富李嘉诚的第一份工作也只是不起眼的茶楼跑堂。很多时候，不一定就是我们没有那个能力，而是自己太保守，害怕挫折，不敢迈出创业的第一步而已。

人生已经有了太多外界的束缚，我们为什么还要给自己的心理设防？生命只有一次，有梦想不去实现，日后连后悔的机会都没有。

尝试着打破现状，自己创业一次，不论成败。不要把结果看得那么重要，结果如何并不是评价成功与否的唯一标准。说到底，人终有一死。关键是这个奋斗的过程，体会其中的酸甜苦辣，五味杂陈，这不就是人生的缩影吗？不要看轻自己，也不要看轻自己的梦

想，勇敢地创一次业，为自己的人生开辟出另外一番更广阔的天地。

要想自己创业，这些条件是我们必须具备的。首先，不再保守，放弃唯唯诺诺、贪图安逸的人生态度。我们要勇敢地打破现状，在新的天地里发现自己更多的可能性。同时，要有自己的想法，走出自己的路，而不是一味地遵循别人的脚步。

正如闻名的国画大师李可染说的那样："踩着前人的脚印前进，最佳结果也只能是'亚军'。"一项事业要想做得成功而且长久发展，就必须有自己的独特之处。

美国《未来学家》杂志说得好："竞争优势的秘密是创新，这在现在比历史上的任何时候都更加突出。创造力对于创新是非常必要的，公司文化应该提倡创造力，然后将其转变成创新，而这种创新将导致竞争的成功。"

市场经济将会给懂得创新和适度冒险的人更多机会。

有了创业的意愿，不拿出实际行动，一切也只是白费。"现实是此岸，理想是彼岸，中间夹着湍急的河流，而行动却是架在河上的桥梁。"

美国发明家贝尔就是一个敢于行动的人。他因发明电话而举世闻名，但当时他所钻研的领域却是语言学。在一次聋哑人的"可视语言"实验时，他偶然发现电流可以产生声音。

于是，他大胆地设想，如果可以让电流模拟人声，那人类岂不是可以进行远距离沟通。朋友们都认为贝尔的这个想法是异想天开，但是他不放弃，不灰心，甚至大胆地向当时身为电磁学界权威的亨利先生请教。

亨利先生不但没有嘲笑他，反而鼓励他勇敢地将想法付诸实践。于是，对电磁学一窍不通的贝尔通过向他人的学习和自身的努力，终于发明出了电话，让自己的名字永载史册。

所以，要想成功，并不一定局限于自己熟知的领域。什么东西都有一个从不懂到懂的过程，只要我们用行动去弥补这之间的差距。

想一想自己的梦想，你更愿意让美梦成真而不是让它一直停留在自己的空想之中吧？那么，就去创一次业，不计较成败，只在乎全心投入的现在。

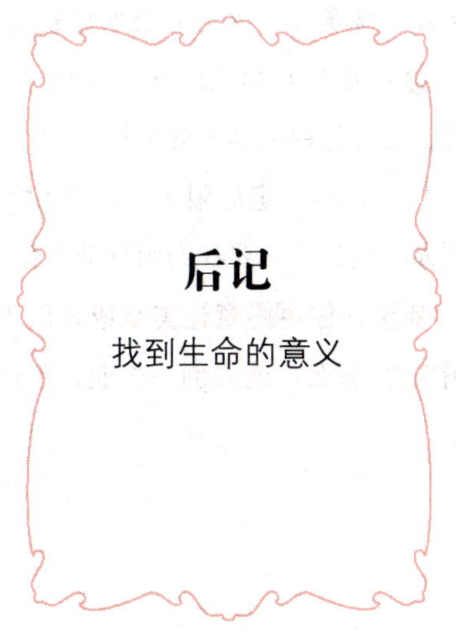

后记

找到生命的意义

开始的时候，谁都不会去想结束。拥有的时候，谁也不会想到什么时候就会失去。所以，常常会有措手不及，常常会有追悔不已，有错误，有失去，有遗憾，有惋惜，却就是没有重来的余地。生命只有这么一次，我们应该加倍珍惜。为了不辜负这一生岁月的美好，就去找寻生命的意义吧。

什么才是生命的意义，每个人都有自己与众不同的解释。金钱、权势、地位、美丽、健康、真爱、幸福……这些都有人视之为不懈追求的意义。只要追求的手段合理，又有什么是不可以？生活是多元化的，价值观也是各式各样的，没有必要大惊小怪，不要给自己的思维和生活那么多局限。你可以去问很多人，可以得到很多种不

同的答案，但你的生命之路只能由自己一步一步走完，谁都不能代替你回答。所以，对于生命的意义，只能自己在过程中找寻，在教训中检讨，在成功中品尝，在岁月中领悟。

都说书籍是人类进步的阶梯。经过了岁月的沉淀，那里凝聚了古今中外我们的祖先或者同辈们各种各样的生活经验以及智慧。也许，与书中的灵魂对话，会告诉我们生命的意义，为我们提供一种有价值的活着的方式。奥斯特洛夫斯基在《钢铁是怎样炼成的》里面说道："人最宝贵的东西是生命。生命对每个人来说只有一次。因此，人的一生应当这样度过：当一个人回首往事时，不因虚度年华而悔恨，也不因碌碌无为而羞愧；这样，在他临死的时候，能够说，我把整个生命和全部精力都献给了人类最宝贵的事业——为人类的解放而奋斗。"著名作家巴金如此看待生命："我的一生始终保持着这样一个信念：生命的意义在于付出，在于给予，而不是接受，也不是在于争取。"高尚的灵魂总有发人深省的话语。并不是说，我们就一定要像他们那样为人类的解放而奋斗，或者无限给予。普通人有普通人的生活方式。我们愿意选择什么样的价值是由自己决定的，书籍也许能够给我们提供一种可以选择的答案。

当我们在一个地方或者一种环境待得太久，就会慢慢因为习惯而变得不能够敏锐感知身边的人和事。这时，不妨背上行囊，暂时离开，到远方去发现生活的美丽与价值。古人云，读万卷书，行万里路。书籍能够为我们插上思想的翅膀，而行走能够让我们感受到脚下道路的坚实。旅途里总有那么多未知，有逆境，也有惊喜。形形色色的人，各种喜怒哀乐的表情，原来生活有这么多种姿态，你

可以选择的不止一种。那么，也许你就会在某一个驻足停留的地方，寻找到生命的意义。

就是我们日常平凡的生活，你也可以去寻找。柴米油盐，虽然琐碎，却能够让生活过得有滋有味。不要忽视那些平淡生活里的点点滴滴，因为有时候平平淡淡才是真。生命的意义就像一个顽皮的小孩，和我们玩着捉迷藏的游戏。它也有可能就在一朵花的绽放中，一个爱人的拥抱里……

也许我们现在仍然没有找到生命的意义，那也不用着急，只是需要努力让自己快乐地生活下去。

就像三毛说的那样："我们一步一步走下去，踏踏实实地去走，永不抗拒生命交给我们的重负，才是一个勇者。一直到了蓦然回首的那一瞬间，生命必然给我们公平的答案和又一次乍喜的心情，那时的山和水，又回复了是山是水，而人生已然走过，是多么美好的一个秋天。"

如果你还在执著于自己生命的意义究竟几何时，不妨阅读一下龙应台写给她的儿子安德烈的书，在那里你会找到答案。

"你哪里'平庸'了？"我说，"'平庸'是什么意思？"

"我觉得我将来的事业一定比不上你，也比不上爸爸——你们俩都有博士学位。"

我看着你……是的，安德烈，我有点惊讶。

"我几乎可以确定我不太可能有爸爸的成就，更不可能有你的成就。我可能会变成一个很普通的人，有很普通的学历，很普通的职

业，不太有钱，也没有名。一个最最平庸的人。”

你捻熄了烟，在那无星无月只有海浪声的阳台上，突然安静下来。

然后你说：“你会失望吗？”

海浪的声音混在风里，有点分不清哪个是浪，哪个是风。一架飞机闷着的嗡嗡声从云里传来，不知飞往哪里。蟋蟀好像也睡了。你的语音轻轻的。这样的凌晨和黑夜，是灵魂特别清醒的时候，还没换上白天的各种伪装。

我忘了跟你怎么说的——很文艺腔地说我不会失望，说不管你做什么我都高兴因为我爱你？或者很不以为然地跟你争辩“平庸”的哲学？或者很认真地试图说服你——你并不平庸只是还没有找到真正的自己？

我不记得了，也许那晚葡萄酒也喝多了。但是，我可以现在告诉你，如果你“平庸”，我是否“失望”。

对我最重要的，安德烈，不是你有否成就，而是你是否快乐。而在现代的生活架构里，什么样的工作比较可能给你快乐？第一，它给你意义；第二，它给你时间。你的工作是你觉得有意义的，你的工作不绑架你使你成为工作的俘虏，容许你去充分体验生活，你就比较可能是快乐的。至于金钱和名声，哪里是快乐的核心元素呢？假定说，横在你眼前的选择是到华尔街做银行经理或者到动物园做照顾狮子河马的管理员，而你是一个喜欢动物研究的人，我就完全不认为银行经理比较有成就，或者狮子河马的管理员“平庸”。每天为钱的数字起伏而紧张而斗争，很可能不如每天给大象洗澡，给河

马刷牙。

当你的工作在你心目中有意义，你就有成就感。当你的工作给你时间，不剥夺你的生活，你就有尊严。成就感和尊严，给你快乐。

我怕你变成画长颈鹿的提摩，不是因为他没钱没名，而是因为他找不到意义。我也要求你读书用功，不是因为我要你跟别人比成就，而是因为，我希望你将来会拥有选择的权利，选择有意义、有时间的工作，而不是被迫谋生。

如果我们不是在跟别人比名比利，而只是在为自己找心灵安适之所在，那么连“平庸”这个词都不太有意义了。“平庸”是跟别人比，心灵的安适是跟自己比。我们最终极的负责对象，安德烈，千山万水走到最后，还是“自己”二字。因此，你当然更没有理由去跟你的上一代比，或者为了符合上一代对你的想象而活。

同样的，抽烟不抽烟，你也得对自己去解释吧。

如果你还没有找到答案，那么就记住这句话吧：“我们最终级的负责对象，千山万水走到最后，还是‘自己’二字。”